令和時代の
お墓入門

幻冬舎
MC

はじめに

「死ぬこと」にまつわる話がタブーとされていたのはすでに昔のこと。現代は、「終活」という言葉が浸透し、葬儀や相続などの死後のことも含め、トラブルを避けたい、あるいは自分らしい死に方を決めたい、と、人生の最期を迎える準備を自分で進める人が増えています。

お墓もその一つ。今、日本で主流となっているお墓は家墓と呼ばれる、代々受け継がれる各家単位のお墓です。自分が亡くなったあとは子孫に継ぐことが前提となっているため、終活の重要な一項目といえます。

しかし昨今は、「自分の死後、お墓をどうするか」がなかなか決められず、悩みの種やトラブルのもとになりやすくなっているのが実情です。必ずしも、長子が継ぐといった従来のならわしに則っているだけでは、丸くおさまらないケースが増えてきています。

その背景には、少子化や核家族化、独居世帯の増加などがあります。「跡継ぎ（承継者）

がいない」「遠くてお参りに行けない」「お墓の管理に時間を割けない」など、お墓にまつわるいざこざがきっかけで、家族間だけでなく、親戚中を巻き込んでのもめごとに発展したり、疎遠になってしまったり……と、取り返しのつかない事態になることさえあります。

このように、現代社会においてお墓をとりまく環境は大きく変化しており、この本を手にとった皆さんも、なにかしらお墓のことで困ったり、身近で見聞きしたり、という経験をお持ちなのではないでしょうか。

そもそも埋葬やお墓の形式は家墓のみと決められているわけではありません。合祀といって複数の方の遺骨を合同で埋葬するお墓もありますし、海に骨をまく散骨や、墓碑を立てずに山に埋めるといった埋葬の仕方も、墓地埋葬法という法律に則っていれば可能です。

そんななか注目されているのが、家族の承継を必要としないお墓、「永代供養墓」です。

今までの一般的な家墓は、承継者がいなければ無縁墓になってしまいます。これに対し永代供養墓は、承継者がいなくても無縁墓にならず、埋葬先のお寺がお墓を受け継いで、永代にわたり管理も、供養も行うという点が最も大きな特徴です。

お墓のタイプも、個別に入れるお墓、夫婦で入れるお墓、屋外の自然豊かな場所に設けられる樹木葬など、「自分らしいお墓を建てたい」といった、多様化するニーズにこたえられるよう、バリエーションが増えてきているのも特徴の一つです。

子どもがいない、いても遠方にいるなどでお墓を任せられない、といった承継の悩みを抱えている人の間で、今、注目されてきているお墓です。


私は国内において、永代供養墓のコンサルタント会社の代表取締役として、数多くのお墓にまつわる相談を受け、永代供養墓の提案をすることでお墓の悩みや不安を解消してきました。事業立ち上げは13年前。この分野では国内のパイオニアであると自負しています。ここ数年、相談件数も永代供養墓の利用者数も右肩上がりを続けています。

本書では、お墓の基礎知識や諸手続きの解説も踏まえつつ、従来のお墓と永代供養墓の違いや、永代供養墓を建てる時にどうしたらいいかなど、まだあまり知られていないことや新しい情報を丁寧に解説しています。これから終活、お墓のことを考えようとしている方、お墓のことで悩んでいる方、お墓のことをもっと知りたい方の一助になれば、この上ない幸せです。

令和時代のお墓入門　目次

［第2章］　日本における「お墓」の意味、役割とは

［第1章］

迫り来る多死社会。あなたの「お墓」は大丈夫？

タブーからブームへ。「終活」流行りの社会的背景とは

人はこの世に生を受けてから進学、就職、結婚、そして介護……と、一生の中でいくつもの大きな節目＝ライフイベントに直面します。そして「就活」や「婚活」といった言葉が表すように、その都度その都度、より良い人生、より良い未来のために最適解を目指すのもまた人の常といえるでしょう。

そこに「終活」が加わったのは、ここ10数年のことではないかと思われます。エンディングノートが流行ったり、遺産整理や相続のノウハウ本が書店の入り口に近い目立つ場所に置かれるようになったりして、テレビや雑誌でもしばしば特集が組まれるようになってきました。

かつては「死ぬこと」にまつわる話を人前でするのは、今よりもずっとはばかられたものでした。死は「忌み嫌うもの」「避けるべきもの」であり、口にすれば「縁起でもない」とたしなめられる、そんな風潮がつい最近まで、日本には色濃く残っていたと思います。

今でももちろん、むやみに言うべきことではありませんが、以前ほど意識して慎む内容で

はなくなってきたように思います。これは聞いた話ですが、一昔前は、施設に入居している高齢者に対して自身の死を前提にした話など、口にしたら「どうせ自分たちは死を待つばかりだと思われているんだろう」などとひどく険悪な雰囲気になりかねなかったそうですが、今はオープンに、亡くなったあとの手続きや、葬儀などをどうしたいか職員や家族も交え話し合うところが増えてきているそうです。

みんなが話すようになれば、それはもはやタブーではなく、ムーブメントさえ起こす……昨今の終活ブームを見ているとそんなことを思います。自分の祖父母や親の看取りを経験し、自分は人生の幕引きをどのようにするのがいいのか考え、情報を欲するようになった人が増えてきたのでしょう。

あえて付け加えるならばそこにもしかしたら、「終わり良ければすべて良し」「立つ鳥跡を濁さず」、の日本人のある種の生真面目さが、「終活」の二文字にあらわれているのかもしれません。

終活ブームをおこしている社会的な背景には次のようなものがあると考えられます。

・少子高齢化
・核家族化から単独世帯の急増
・生涯未婚率の増加
・地方の過疎化
ひとつずつ見ていきたいと思います。

〈少子高齢化〉

いうまでもなく、日本は世界有数の超高齢化社会です。高齢化は高度成長期時代から進み始めたといわれており、2015年の国勢調査では65歳以上の高齢者が調査開始後初めて3000万人を超えました。全人口における比率も26・6%、つまり「4人に1人以上は高齢者」といえる状態になり、総務省によれば世界で最も高い水準となっています。

その後もこの傾向は続いており、推計では2025年には高齢者人口の割合は30%、2055年には40%近くにまで達するとの予測も出ています。

［図表1］65歳以上人口の推移—全国（昭和45年〜平成27年）

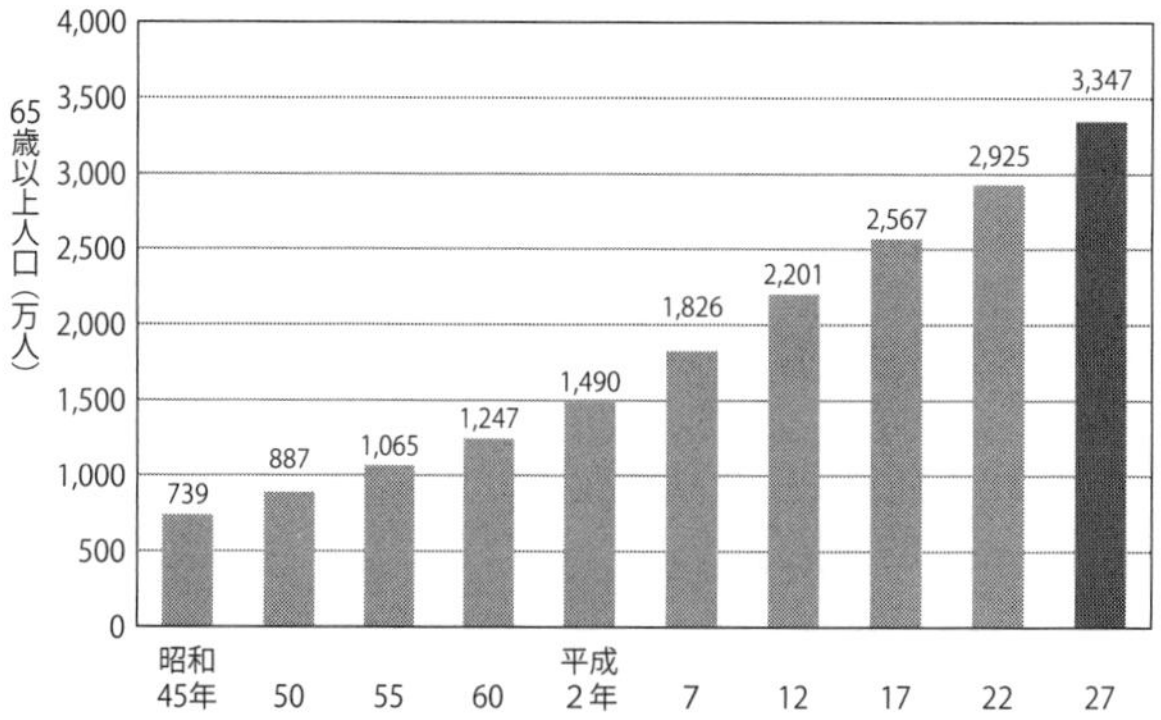

出典：平成27年国勢調査結果（総務省統計局）

一方で、15歳未満の子ども人口の比率は12・6％。調査開始後最低を記録しています。2055年以降は10％程度で推移するともいわれており、少子高齢化が数字のうえでも顕著になっています。

100人いれば40人以上は高齢者、対して子どもは10人いるかいないか。戦後まもない1950年頃は逆で、高齢者は10％に届かず、子どもは40％近くいたとのことですから、この半世紀ちょっとで日本社会の人口分布は様変わりしたといえるでしょう。

近所を歩けば昔は小さな子どもでにぎわっていた公園にも、今は高齢者向けの健康遊具が目につくようになりました。高齢化は身近

[図表2] 年齢（3区分）別人口の割合の推移―全国（大正9年〜平成27年）

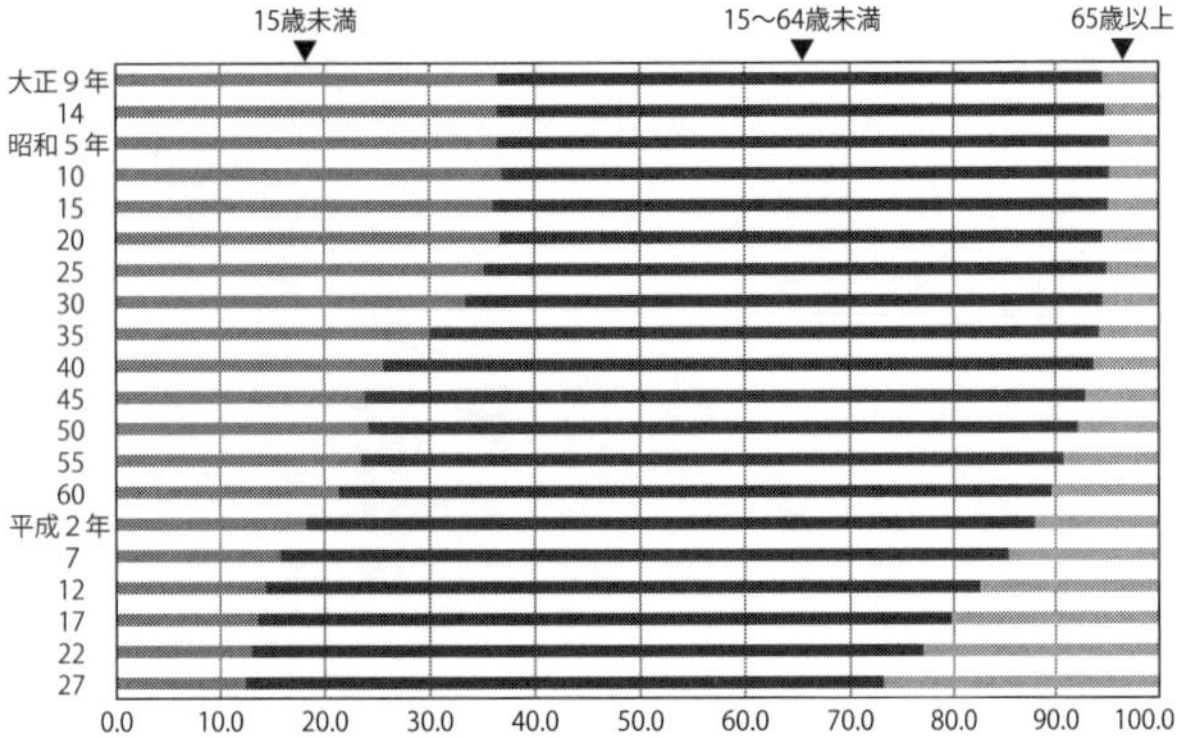

出典：平成27年国勢調査結果（総務省統計局）

[図表3] 人口および人口増減率の推移―全国（大正9年〜平成27年）

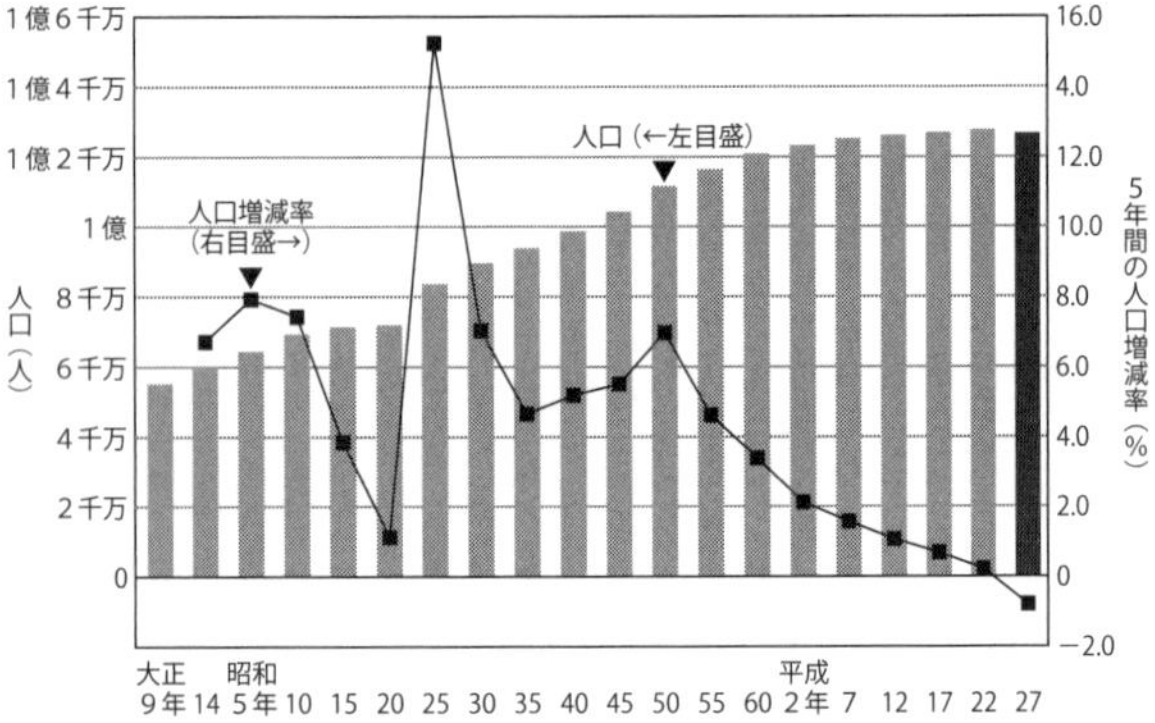

出典：平成27年国勢調査結果（総務省統計局）

な生活圏にも確実に変化をもたらしています。

なお、2015年の国勢調査では、調査開始後初めて、人口がマイナスに転じたことも明らかになりました。

人はいずれ亡くなりますから、高齢者の方にとって葬儀や墓をどうするかは避けて通るわけにはいかない話題です。昔は子どもたちがうまくやってくれるだろう、と次世代に「お任せ」してもそう問題にはなりませんでしたが、今はその子どもが少ない時代。丸投げしては次世代に負担がかかるとの危機感が、高齢者に芽生えているのではないかと考えます。

〈核家族化から単独世帯の急増へ〉

人口構成の変化は家族形態にも影響を及ぼしています。

2015年の国勢調査によれば、1世帯当たり人員は2・33人。1985年には3・14人とのことでしたので、計算上、30年間に世帯の規模が約0・8人分小さくなったという

［図表４］一般世帯数および一般世帯の１世帯当たり人員の推移―全国（昭和 45 年～平成 27 年）

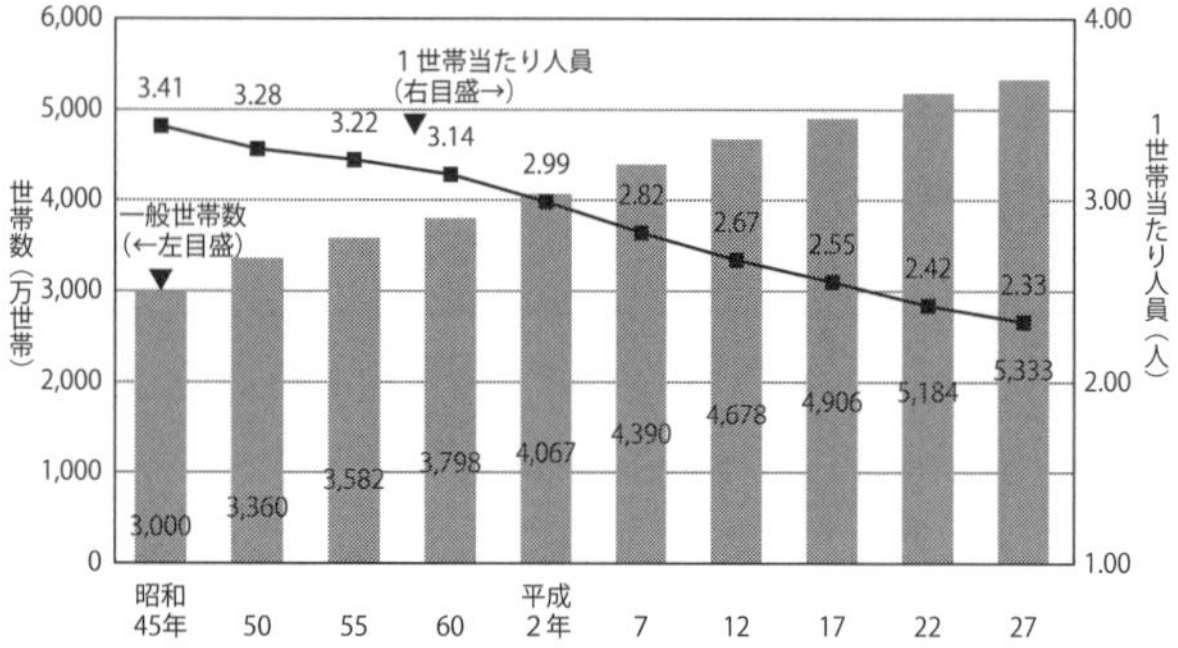

一般世帯の数は5,333万世帯

◆ 一貫して一般世帯数が増加し、１世帯当たりの人員は減少
１世帯当たり人員は2.33人

出典：平成27年国勢調査結果（総務省統計局）

ことになります。

世帯類型別構成割合をみると、国勢調査では、三人世帯の割合が２０１５年で減少に転じ、単独、二人世帯が増加しています。単独世帯とは文字どおり、単身者のみの家庭を指します。

家族類型別に見ると、夫婦と子どもから成る核家族の割合が減少しています。日本の家族の特徴としてとかく核家族化といわれて久しいのですが、実はすでにその段階は過ぎており、その延長線上にあるともいえる「単独世帯」が今、最も顕著な増加傾向を示しているのです。

［図表5］ 世帯人員別一般世帯数の推移―全国（平成7年～27年）

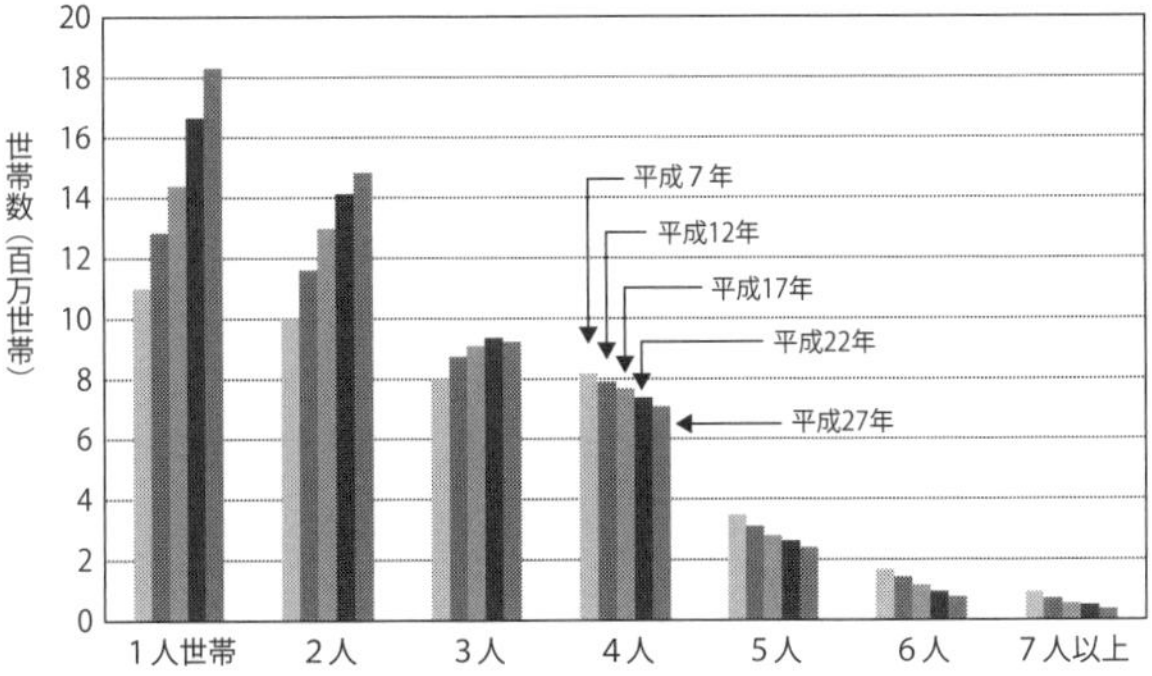

出典：平成27年国勢調査結果（総務省統計局）

［図表6］ 一般世帯の家族類型別割合の推移―全国（平成12年～27年）

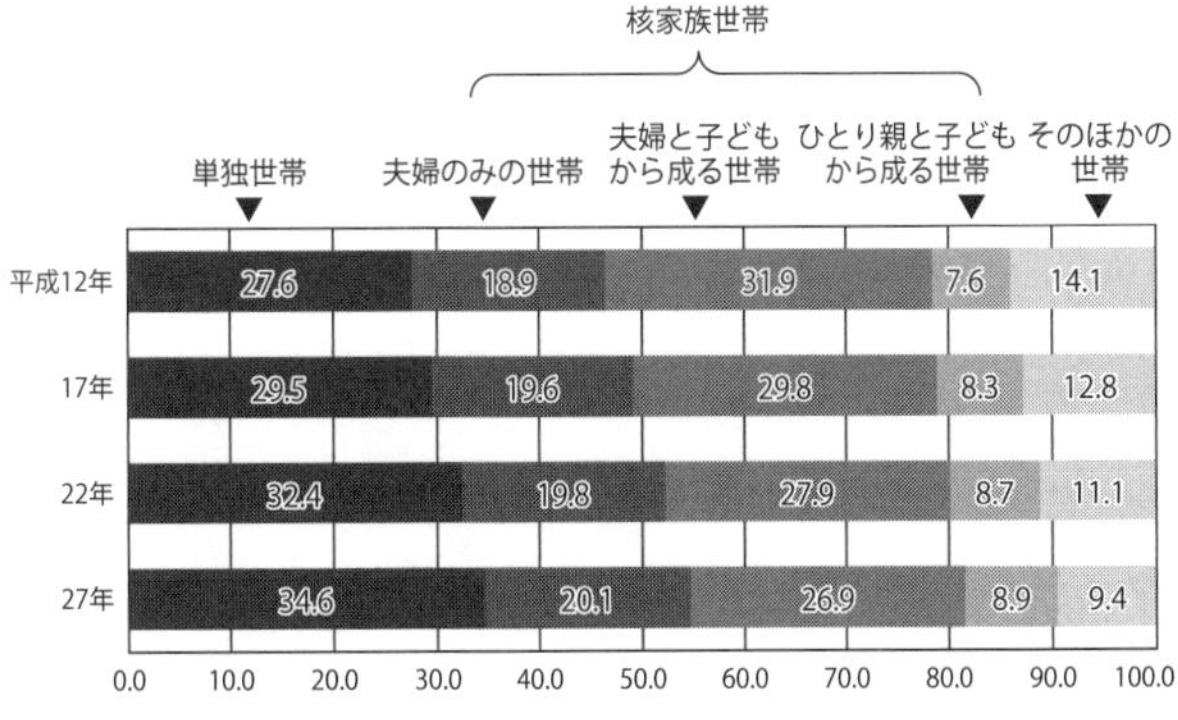

出典：平成27年国勢調査結果（総務省統計局）

［図表７］男女別25～34歳人口の「未婚」の割合の推移―全国（昭和25年～平成27年）

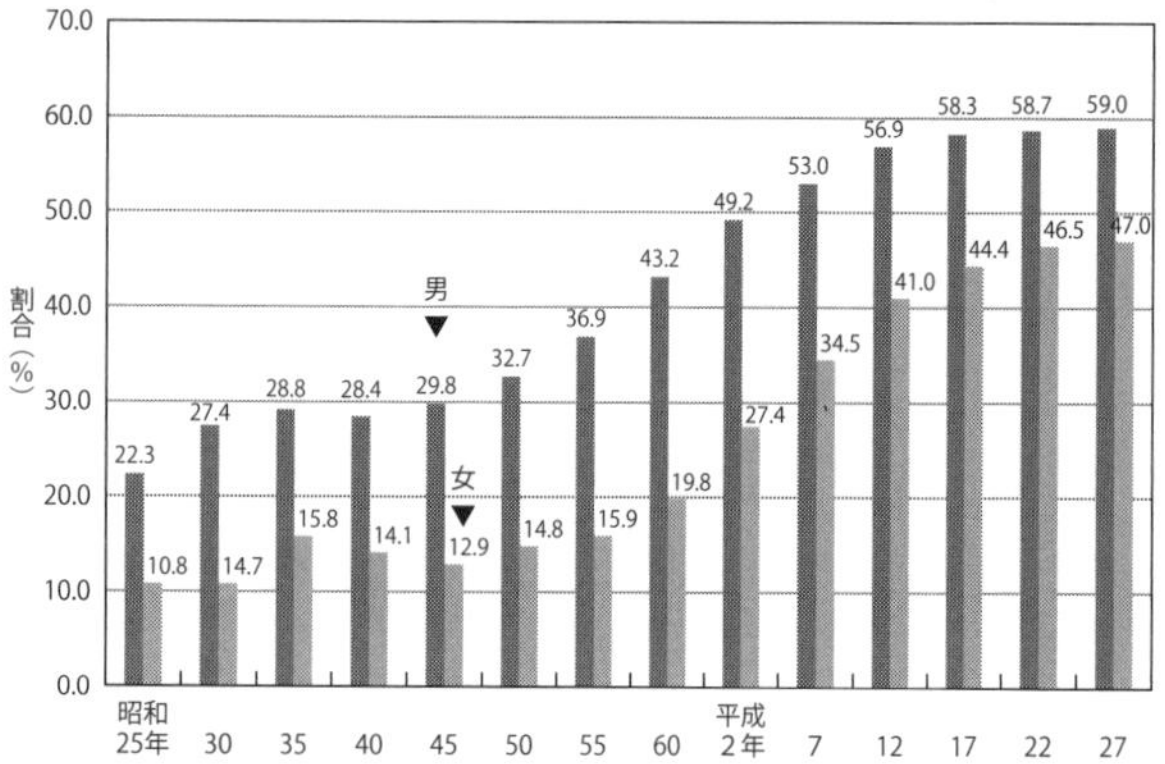

出典：平成27年国勢調査結果（総務省統計局）

この背景には、高齢化に伴う高齢者の単身者が増えていることや、次に挙げる未婚率の上昇もあるのではないかと考えられます。

〈生涯未婚率の増加〉

２０１５年国勢調査のデータでは、男女とも25～34歳の未婚率は過去最高で、男性で６割近く、女性で５割近くが未婚との結果が出ています。30年ほど前の１９８５年を見ると、男性は４割、女性は２割弱でしたから、特に女性の未婚率の上昇が著しくなっているのが分かります。

確かに一昔前には結婚せずにきままな生活を送る人に対し「独身貴族」などと、若干揶揄するような呼称がつけられていたものですが、それもそうした層が少数派でややうらやましさも含まれた目で見られていたからではないでしょうか。しかし今はそんな生き方も市民権を得てきて、周囲にそうした人がいても特別な目で見るようなこともなくなってきました。

これは単独世帯の増加と少子化の両方の要因になっているものと考えられます。こうしたライフスタイルそのものが悪いとは決して思いませんが、日本全体で見た場合、家族のあり方には少なからず影響を与えるものといえるでしょう。

〈地方の過疎化〉

ここ1～2年で「限界集落」という言葉をしばしば見聞きするようになりました。高齢者人口が大半を占め、労働力や生活の基盤を維持する力が見込めなくなった地域がこのよ

［図表8］人口増減率—都道府県（平成22年～平成27年）

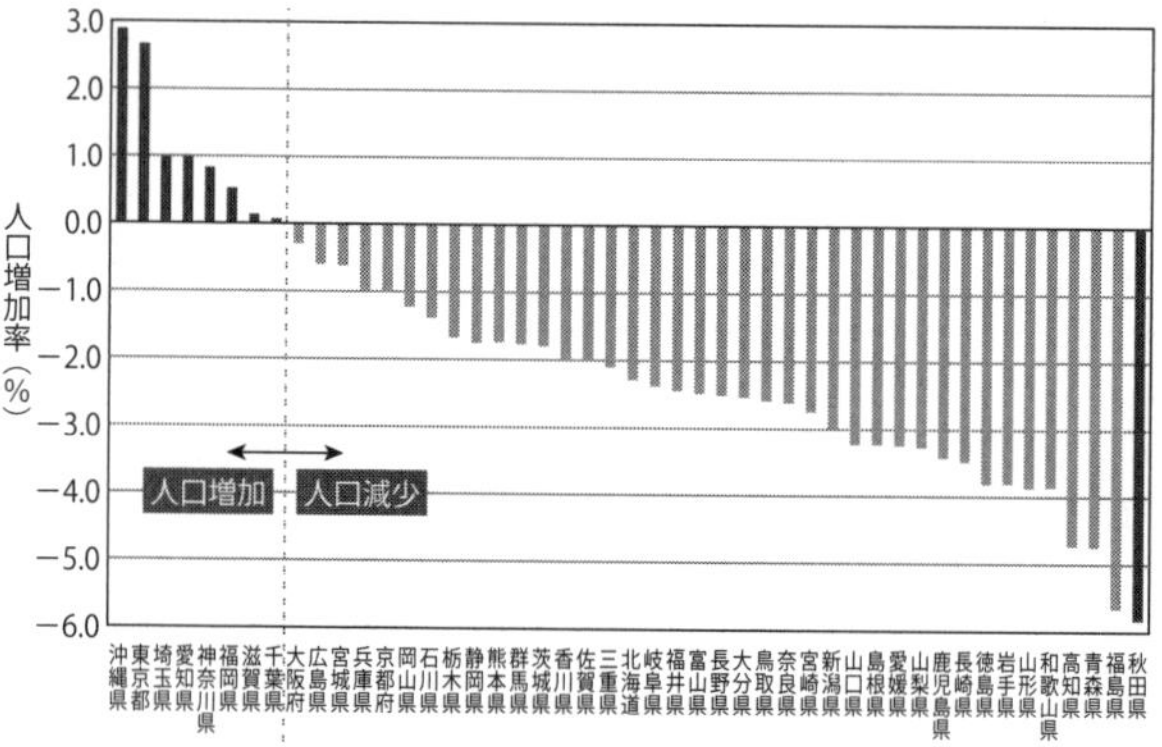

出典：平成27年国勢調査結果（総務省統計局）

うに呼ばれており、山間部をはじめ地方の特に交通の便が悪いエリアを中心に、年々増えているといわれています。

地方から都市部への人の流入は、戦後まもない高度経済成長期には始まっていました。しかし景気が良い時代は地方にも活気があり、人口減はあっても特に問題視されていませんでした。バブル崩壊後に地方経済を支えていた産業が先細りになると、人はますます職を求め都市部へ出て行き、そのためにますます衰退してしまう、という悪循環に陥ってしまう地域が増えていきました。特に労働の主たる担い手である若者が都市部へ流れていってしまい、地方の高齢者が取り残されてしまう形になっていってしまったわけです。

日本全体も超高齢化といわれているなか、限界集落は超・超高齢化といってもいいでしょう。私は仕事柄、お寺や役所を訪ねてさまざまな土地へ出向きますが、限界集落までいかなくとも、過疎化に頭を悩ませている自治体はたくさんある印象を受けています。

（沖縄は出生率、14歳以下人口が高い状況で、原因として2005年の厚生労働白書では、ほかの都道府県に比べ親族や地域間の結び付きが強いことや、男系子孫を重んじる傾向が強いことなどの説が挙げられています。）

お墓は「財産」。継ぐことが前提である

この本を手にとってくださっている方の大半は、なにかしらのお墓に対する悩みや不安等、課題を抱えていることと思います。まぎれもなくお墓も終活の一つです。

家やそのほかの財産の相続とともに「お墓をどうするか」という問題を抱えている人は年々増えてきています。そして私の感覚では、お墓は家などの不動産や現金、証券等のほ

かの遺産相続に関わる資産に比べ「どうするか」がなかなか決められず、後回しになりがちなものとも思っています。

なぜか。それは一般の方のお墓に対する知識がなかなか備わらず、また情報量もほかの資産に比べ少なかったり、適切なアドバイスができる人も少ないからではないかと思うのです。後述しますが墓は先祖代々お付き合いのあるお寺や親族など、家族以外の人々も関わっていたり、伝統やしきたりが絡んでいることもあって、はっきりいえば「分かりにくい世界」そんなふうに思っている人も少なくないのではないでしょうか。

そのような人に「お墓も財産なんですよ」と言うと、そのようにはとらえていなかった、と、びっくりされることがよくあります。

そうなのです。日本のお墓は民法で「財産」とされているのです。正確には祭祀財産といって、「系譜」「祭具」そして「墳墓」が挙げられています。

系譜とは、今はあまり聞かれなくなった言葉ですが、先祖から子孫への血縁関係が記された文書や絵図などを指し、家系図もここに含まれます。

祭具とは、祭祀が行われる際に使用する器具の総称です。位牌や仏像、仏壇や神棚などこれらに付属した用具のすべてが該当します。

そして墳墓、これがお墓を意味します。お墓は祭祀財産として、子孫に承継されることが前提となっているのです。

ちなみに原則的には、祭祀財産は分割して複数人が承継することはできず、一人が受け継ぎ管理することになっています。

また、民法では土地や預貯金などの相続財産と、祭祀財産は切り離して考えられており、財産を継いだ人が必ず祭祀財産を継がなくてはならない、ということはありません。いずれにしても祭祀財産は民法上は承継者を決めることが義務付けられているのです。

このように、お墓も財産の一つ、と書くと「では継いだら相続税のような税金がかかるの？」と疑問に思われる方もいるかもしれませんが、ご安心ください。預貯金や家、土地に課せられるような相続税は発生しません。

また、誰が継がなくてはならない、といった決まりも法律にはありません。お墓を継ぐ、と聞くとなんとなく長男や、あるいは第一子が、というイメージはありますが、それはあくまで慣習上のことです。

例えば、遺言状で指名があればその人が継ぐことになりますし、そういったものがなければ身内で話し合って決めて構いません。故人の子どもでなくても、例えば子どもの配偶者、つまりお嫁さんでもいいのです。実際にはまれですが、第三者が継いでも法律的には問題ないということになります。

継ぐ人がいない、決まらないのが現在のお墓の大きな問題

このように民法には明記されているものの、現代日本においてお墓を継ぐ、ということは多くの人にとって、頭の痛い問題になってきているのが実情です。先に説明した少子高齢化、単独世帯の増加、地方の過疎化といった家族や地域のあり方の変化が、お墓の承継を難しくしてしまっているのです。

実際に、当社には日々さまざまな、お墓の承継に関する一般の方からのご相談が寄せられており、その数は年々増えています。よくある相談例をいくつか紹介します。

Case 1　子どもは遠方に嫁いだ娘が一人。墓をつくっても継ぐ人がいない。

Aさん（66歳）は関東北部で妻（64歳）と二人暮らし。娘が一人いますが10年前に関西へ嫁ぎ、孫が小さいうちはまだ行き来があったものの、大きくなるにつれその回数もだんだん減ってきて、今はお正月に顔を見せに来るくらいです。

Aさんは三人きょうだいの次男。両親はすでに他界し、車で20分ほどのところにあるAさんの生家には今、長男一家が住んでいます。墓も長男が継いでいるため、Aさん夫婦は新たに自分たちの墓を用意する必要があります。

どちらも今のところ健康に不安はなく、Aさんは定年後の再雇用で週3日勤務、妻も週2日はパートに行き、余暇はそれぞれ好きなことをしたり、たまに国内を小旅行したり、と、特段贅沢はしないものの経済的にも不自由していません。

しかしここ1、2年の間に、同年代〜少し年上の友人知人の訃報がぽつ、ぽつと入ってきて、自分たちもぼんやりとながら、終活のことも考えないといけないかな、と二人で話しあっているこのごろです。

墓地の折り込みチラシにも自然に目がいくようになりました。しかし娘は他家へ行ってしまったわけだし、墓には自分たちしか入る予定がないし……自分たちのあとはどうしたらいいのか、と思うと広告にあるような墓地はどうもしっくりきません。

そもそもAさんも妻も、お墓にたくさん望みがあるわけではありません。自分たちのお骨が入る場所があればそれでいい、という考えです。ただ、二人とも亡くなったあとに墓のことで何かもめるようなことがあっては良くないな、とは思っています。

Case2　子どもたちは戻って来る予定がなく、お墓の面倒をみてもらえそうにない。

Bさん（72歳）は妻（68歳）と都内で二人暮らし。二人の息子はすでに独立し、長男は商社マンで海外を転々としており、この先のことは分からないという状況です。一方、次男は田舎暮らしに憧れ信州の山郷で所帯を持ち、こちらも地元に戻って来る気はなさそうです。

Bさん夫婦は今のところ健康状態に大きな不安はないものの、年々少しずつ体の衰えを実感しつつあります。ずっと二人きりで生活していくなら、介護や施設のことなども考えておかなくてはならないし、お墓のことも考えなくてはならないし、子どもたちの意向はどうなんだろうと気にかかっていました。

正月、久々に顔を合わせた時にさりげなく、自分たちの今後のことについて話題をふってみました。

そうしたところ長男は、日本に帰ってきたら自分が面倒を見るし墓も継いでいいとは言ってくれたものの、それがいつになるかの見通しはやはり今のところまったくたたず、そもそも、帰国したとしても東京に勤務できるのか分からないので、気持ちはありがたいけれどあてにすることはできそうにありません。

次男は、何かあれば信州にきてくれれば面倒みるよ！とは言ってくれたものの、墓のことまでは「自分は次男だし、お兄ちゃんに考えてほしい」と消極的です。

Bさん夫妻も今のところ住み慣れた都内の家を離れる気はないし、次男に墓を任せる考えも持っていません。

となると、生前に墓を用意しておくことはやぶさかではないのだけど、長男がどうなるか分からないのにつくってしまっても、後あとお荷物にならないだろうか、と心配です。

ちなみにBさんには5つ上の兄がいたのですがすでに他界しており、実家の墓はその息子の代が継いでいます。いずれにしても自分たちの墓は必要なのだけど……。

Case3　故郷の墓を継ぐ立場にあるが、上京して久しく、戻る予定もない。

Cさん（58歳）は妻と一人息子の3人家族で関東に住まいを持ち20年になります。もともと四国の出身で、父親は5年前に亡くなり、代々のお墓に入っています。

母親は父親の死後一人暮らしをしていましたが、骨折して自宅での生活が不安になったため、本人の希望で施設に入っています。

今のところ母親が外出許可を得て墓参りをしており、寺に管理料もおさめていますが、父親は一人っ子でほかに墓を託す親族がいないため、母が亡くなったあとの墓のことでCさんは今、頭を悩ましています。

Cさんには6歳下の弟がいるものの、やはり実家からは遠く離れた地に長く住んでおり、まだまだ働き盛りで実家に戻る予定はありません。

正月に会った際、さりげなく墓のことを切りだしても「自分は次男だから継ぐことなど考えていない」と、はなから長男であるCさんに継いでもらう気になっているようです。

しかしCさんも、四国に戻るつもりはありません。代々の墓を守らなければという気持ちはあるものの、たとえ形式上継いだとしても、これほど遠いとお参りにいくことすらままならないのは分かっています。

「代々とはいえ、父は一人っ子。祖父の代も皆、亡くなっているし……」と重荷に感じてしまうのが正直なところです。

母は、面と向かっては言ってきませんが、自分がいずれ入る墓なので、できれば子どもたちのどちらかに継いでもらいたいと思っている様子です。

Case4　一人暮らし。死後、人に迷惑をかけたくない。

Dさん（68歳）は都内で長く一人暮らしをしています。両親は90代で、東北に住むDさんの2つ上の兄夫婦と同居しています。若い頃からDさんは家族との折り合いが悪く、家出同然で上京し40数年、ほとんど連絡を取り合っていません。

未婚でここまで一人でやってきて、幸いにも病気らしい病気をしたことがなく、今も嘱託で仕事を続けているDさん。酒もたしなまず派手な遊びもせず、仕事と家の往復で日々が過ぎてゆき、交友関係もそう広くはありません。

さしあたり、特に不自由していることはなく、まだまだ元気なうちは働き続けたいと意欲的なDさんですが、テレビで孤独死のニュースを見たりすると他人事とも思えず、そろそろ終活の準備も始めないといけないのかなあと思うようになりました。

もともと几帳面で、人に迷惑をかけたくない、という気持ちが強いDさん。自分がしっかりしているうちに、自分のことは死んだ時のことも含め、きっちりしておきたい、と思っています。

当然ながら、実家に頼ることははなから考えておらず、相談するつもりもありません。墓は実家のほうにありますが、兄とも不仲なのでそこに入れてもらおうとも思っていません。

そうなると、自分一人だけが入る墓をつくっておかなくては……。特にお参りに来るような身内はいないし、友達も多くはないし、自分も死んでしまえばあとのことは分からないので、改まって墓をどうしようと考えても、いまひとつピンときません。

でも、だからといって無縁墓で雑に扱われるのはいやだな、と漠然と思っています。

もっと年をとって、体の自由が利かなくなってきたら、後見人を立てなければならないのだろうか。墓のこともその人に頼めばいいのかなあと考えを巡らせる一方で、やっぱり自分でできるだけ決められることは決めておきたい、とも思ったりして、気持ちが揺れ動いています。

Case5　次男が家業と墓も継いだが、家を出て行った長男が墓に入りたいと言ってきた。

Eさん（57歳）は果物農家だった父の家業を継いで30年になります。

実はEさんは次男です。2つ上の、長男である兄は家業を継ぐことを拒否し、家に寄り付かなくなってしまいました。今はフリーランスのフォトグラファーとして国内外を飛び回る生活を送っています。

一方Eさんは、サラリーマン生活にいまひとつなじめなかったという事情はあるものの、父から「長男はあてにならない。お前に家業を継いでほしい」と、学生時代から切望されていたこともあり、数年の会社勤務後Uターン。以来、父の教えを受けながら農業をいちから勉強し、過酷な労働環境にありながらも、二人で頑張ってきました。

その半生に悔いはありませんが、内心どこかで、地元に滅多に帰って来ることもなく、好きな仕事をしている兄を、自由で気ままでいいなあと羨ましく思う感情はありました。

そんな兄がある日、20年ぶりくらいにひょっこり帰省。ややとまどいながらも迎え入れ、年老いた父と3人で酒を酌み交わし互いの近況や昔話に花を咲かせていたところ、唐突に、「自分が死んだら墓に入れてくれないか」と兄が言い出しました。

その場の空気は一変。ここまで穏やかに歓談していた父が顔色を変え、「実家を顧みず出て行ったままで、帰ってきたと思ったら墓に入れろとは何事か」と怒りだし、Eさんはなだめるのに必死でした。しかし兄はけろりと「自分は結婚もしていないし、ここの家族だからこっちの墓に入る権利がある」と言い張ります。

ただ、家業とともに墓も継いだことになっているEさんの心中は複雑です。墓にはまだ先のこととはいえ、自分や妻、子どもたちも入るし……、そこに疎遠になっている兄を入れていいものなのか。でも、兄が言うことも筋が通っているような気がする。拒否する自分は心が狭いのか、などと悩んでしまいました。

結局、また機会を改めて話を、とその場はなんとかおさまりましたが、父はそのあとも断固として、あいつを決して墓には入れるな、と言っています。

Case6　墓から父の骨を出してくれと言われた。

Fさん（60歳）のもとにある日、長いこと音信不通だった従兄弟のGさん（65歳）から電話が入りました。

用件は、「うちの墓に入っている叔父さん（＝Fさんの父親）のお骨を引き取ってほしい」とのこと。突然のことでFさんはびっくりです。

事情を聴いたところ、Gさんの妻のお姉さんが亡くなり、独り身のためGさんの妻が遺骨を引き取ったそうです。その遺骨を、今Gさんが継いでいる墓に納めたいのだが墓下の納骨室のスペースがないため、出してもらえないか、という話でした。

Fさんの父親はFさんが未成年の時に亡くなり、家庭の事情でお墓を建てることが困難だったため、Fさんの伯父さん（＝Fさんの父親の兄、Gさんの父親）が自分のところのお墓に入っていいよ、と言ってくれた経緯があります。

その時、いずれは出してほしいのかずっと入っていていいのかは伯父さんも明言せず、あいまいなままで、伯父さんが亡くなったあとも、誰も何も今まで言ってこなかったので、Fさんもなんとなく気がかりだったものの、親族だし問題ないだろう、と墓参りも普通にしていました。

ただ、従兄弟のGさんとは子ども時代こそ一緒に遊んだ記憶はあるものの、成長するにしたがってすっかり疎遠になっていました。特別仲違いしたわけでもないけれど、何も連絡を取り合うことなく数十年経っていたのです。

「急に言われても……」思わずそう返事してしまったFさんですが、「いずれはそちらで墓を建てるものと思っていた。ずっと音沙汰なく、預けっぱなしとは図々しいのではないか」と逆に言い返され、重苦しいムードに。

とりあえず、今まで何も連絡しなかった非礼をわび、出すにしてもこちらにも準備が要るからと、その場はおさめたものの、Gさんからはできるだけ早く遺骨を出してくれ、と念を押され、困り果てています。

Case7　お墓があるのに、入れない。

半年前に母親が急死してしまったHさん（50歳）。父親は10年前に亡くなっており、墓もあるのですが、母が亡くなった時はあまりに突然だったことと、経済的な事情から直葬（火葬のみを行う葬儀）にし、遺骨を家に引き取ってきました。

落ち着いてから寺に事情を話し、父が眠っている墓に納めようと思っていたのですが、いざ、寺に行ってみたところ、「読経をしていないお骨は墓に納めることができない」と拒否されてしまいました。

その時初めて、一般的には、墓のある寺で葬儀を執り行い、お布施して戒名をつけてもらうことで、その墓に入れると知りました。

しかし、墓は自分の母が苦労して建てたもの。寺のものでもないのに、なぜ当の母が入れないのかHさんは納得がいきません。お互いの言い分は平行線をたどるばかりで、感情的になり、最後はなかばけんか別れに。

遺骨は今もHさんの家に安置されています。心情的には、母は自分が建てた墓で、父と一緒に眠りたかろう、とは思うのですが、そのために寺に謝罪し、今の自分には高額なお布施を払うことはどうにも納得がいきません。さらに今後、その寺とお付き合いしていく気持ちも失せてしまっています。

自分も意固地になっていることは自覚しているのですが、寺のいいなりにはなりたくない、という気持ちもあり、どうしたらいいか途方に暮れています。

いかがでしょうか。細かい状況設定はぴったり同じではなくても、自分もここにあるケースに似た悩みを抱えている、と思い当たった人もいるのではないでしょうか。

誰かが継げば何も問題など起こらないはずのお墓。それが代表的なものだけでもこれだけの相談例が出てくるということは、その「継ぐ」というところが、少子化や過疎化、あるいはそれらを背景とした親族やお寺との関係の希薄化が絡み合って、難しくなってきているあらわれだと思います。

そもそもお墓とは私たちにとってどのような意味があり、役割を担っているのでしょうか。次章でひもといていくことにします。

［第2章］

日本における「お墓」の意味、役割とは

お墓の歴史

お墓の語源や由来については諸説ありますが、有力なのは「果処（はてか）」や「葬処（はふりか）」だといわれています。さらには、生と死の間が遥かだという考えから「遥か（はるか）」や「儚し（はかなし）」だという説も有力だといわれています。

漢字としては、墓の「莫（ばく）」の部分は太陽が草の中に沈んで隠れることを示しており、墓には死者を見えなくする盛土という意味があります。

〈古代日本の墓は「死者の霊を封じ込める」意味が〉

日本の埋葬の文化をさかのぼっていくと、縄文時代にいきつくといわれています。この頃はまだ今のような墓はなく、単に穴を掘り、そこに亡くなった人をかがめるような姿勢にして埋めるというものだったようです。のちに遺跡として、遺体を埋めたと思われる穴が見つかり、土坑墓（どこうぼ）と呼ばれています。

なお、土器が副葬されていることも多く、この頃すでに、埋葬に故人を弔う意味が込められていたと考えられています。

弥生時代になると、遺体とともに装飾品を埋めるといったことも行われていたようです。一説によると、古代は死者に対して畏怖の念が強く、遺体から魂が抜け出して生きている者に害を及ぼさないよう、あるいは魂が鎮まるように封じ込めるという考え方が埋葬の習わしにはあったといわれています。

〈古墳時代は権力の象徴に〉

紀元後3世紀頃になると、時の権力者が亡くなった際に巨大なお墓が建てられるようになりました。いわゆる古墳で、紀元後7世紀頃まで大きな古墳がいくつも建てられていたため古墳時代と名付けられています。

最も有名なのは、大阪の仁徳天皇陵ではないでしょうか。全長486mもある巨大な前方後円墳で、クフ王のピラミッド（エジプト）、始皇帝陵（中国）と合わせて世界三大墳墓と呼ばれています。

ただし、古墳はあくまでも権力者のお墓であり、庶民のお墓は縄文時代とほとんど変わらない形式だったようです。

〈仏教伝来後、宗教観と結び付く〉

巨大な古墳の建立は、飛鳥時代に入り大化の改新で「薄葬令（はくそうれい）」という勅令が出されたことで終わりを告げました。薄葬令では、身分に応じて墳墓の規模などを定められており、これにより大きな古墳の墓はつくられなくなったのです。

平安時代に入ると、仏教思想が貴族を中心に広まり始めます。お寺や塔の建立が盛んになり、お墓にも塔を建てる風習が生まれたとされています。

さらに鎌倉時代に入ると一般庶民にも仏教が浸透していき、埋葬方法も従来の土葬と火葬の両方が存在していました。

ただし、墓はまだ権力者や裕福な家しかつくれませんでした。一般庶民の場合、火葬されるとその遺骨はお棺に入れて土中に埋められましたが、その上には特に墓石といったしるしになるものが置かれることはなかったそうです。

〈江戸時代に現代の墓の原型が〉

日本においてお墓が一般庶民にも建てられるようになったのは、江戸時代の中期だといわれています。武士のお墓には板塔婆（いたとうば）や石塔婆（いしとうば）などを建てるようになり、それが庶民にも広がって、卒塔婆（そとうば）や墓石などを、お墓の上に設置することが一般的になりました。

これが現代のお墓の原型だといってよいでしょう。

江戸時代になるとはっきりした理由は分からないものの、火葬は廃れて土葬が主体になります。

土葬に戻ったのは、仏教による輪廻思想の影響があるとも、火葬の煙や臭いが問題になったともいわれています。

お墓は遺体を死に装束で棺桶に納め、土中に埋葬し、その上に土を盛り上げた土饅頭（どまんじゅう）にするようになりました。そこに、武士のお墓の場合は板塔婆や石塔婆が建てられるようになり、次第にそれが庶民にも広まって、現在に近い形の卒塔婆や墓石をお墓の上に設けるようになったとされています。

この頃に、ほぼ今のお墓の形式が築かれたといっていいでしょう。

〈家と墓を結び付けた「寺請制度」〉

江戸時代の徳川幕府は、国民統制政策の一環として、すべての国民はどこかの寺の檀家にならなければならないという、寺請制度を設けていました。キリシタンではないことを証明させるため、ともいわれていますが、同時に寺請制度により、住居や職業などの住民情報を寺に集約し管理する機能を寺が担うようになったといわれています。今でいう自治体の役所のような位置づけです。

これにより、お墓も、寺院の管理下におかれました。今のような自治体や民間の霊園などは許されなかったというわけです。

お墓の形式も寺請制度により変化しました。

江戸時代の初期まで、お墓は実は「1人1基」が一般的でした。しかし寺請制度によって墓地は寺の持つ土地のみとなり、自由に設けることができなくなったので、埋葬する土地が限られるようになったことを受け、お墓は家族や一族単位になったのです。そして現代のお墓のように、地下に納骨室（カロート）を設け、その上に墓石を建てる形が普及したのです。

〈寺請制度の廃止により公共の墓地が造営〉

このようにお墓の原型をつくったといえる江戸時代の寺請制度ですが、明治維新で徳川幕府から明治政府に政権が移るとともに廃止されます。明治政府が奉じた天皇は神の子孫である、という考えによるものです。

この寺請制度の廃止によって、国民はどの宗教の管理する墓地にも、あるいは宗教と関係ない団体が運営する墓地にも埋葬されることが可能になりました。

明治時代になってから公共の墓地として青山墓地や天王寺墓地が造られ、宗教にとらわれない墓地も造営されるようになりました。

明治時代以降、埋葬に場所を取る土葬に代わり、場所を取らない火葬が一般化してきました。

大正時代には各自治体が火葬場を設け、地方でも火葬が一般的になります。

ただし、地方では土葬も残り、昭和初期の段階でも、火葬と土葬はほぼ半々の割合でした。

現代のお墓のあり方を規定しているのは1948年に制定された「墓地、埋葬等に関する法律」略して「墓地埋葬法」です。

現代において亡くなった人を埋葬する時や、お墓を移す時には、自治体への届け出が必要ですが、これらはすべて墓地埋葬法で定められていることです。

「怖れ」と「親しみ」が共存するお墓

第1章で、日本も高齢化に伴い、死についての話題を口にしやすくなったと話しましたが、死に対するイメージそのものは依然として「怖いもの」「忌み嫌われるもの」というのがしっくりくるのではないかと思っています。

さしずめ今は、できれば話はしたくはないが、終活の必要にせまられて……とか、メディアでも取り上げられているし周囲も話をしているから口にしやすくなった、ということではないでしょうか。死に対する怖いイメージが和らいだから、ということではないと個人的には思っています。

縄文時代に「死者は畏怖される存在」「死者の魂が抜け出て害をもたらす」と考えられていたと伝えられていますが、この感覚が今に至っても脈々と受け継がれているように思います。

葬儀から帰ってきた時に玄関で塩をまく風習があります。これは葬式を穢れとして身を清める意味が込められています。また、喪に服することを忌引きといいますが、これも背景には「死は穢れである」という考え方があるといえるでしょう。

遺体は土葬にしろ火葬にしろ、目の前からなくなってしまいますが、墓や位牌は残ります。それは宗教の教えとは別として、「亡くなった人」が眠っているとか、姿を変えてそこにいるといったようにとらえている人も多いのではないでしょうか。

もちろん、「害をもたらす」などと亡くなった身内に対して思う人はいないでしょうけれど、死者の魂が抜け出して、常識を超えた、得体の知れない出来事が自分をおそうかもしれない、といった漠然とした不安感を、お墓を見ると抱くという人も少なくないようです。

一方、それとは裏腹に、お墓や仏壇に向かって、亡くなった人に話しかけたり、生前好きだった食べ物やお酒を供えたり、といった行いには、死者をしのんだりいたわったりといった親しみのある心持ちがあらわれるものですし、そうすることで生きている者にとっても心が落ち着いたり、なんらかのなぐさめになったりするものです。

各地にはさまざまな風習があると思いますが、広く定着しているのはお盆とお彼岸でしょう。

どちらもお墓参りをしたりご先祖さまを供養したりといったことでは共通していますが、その意味するところは時代とともに、薄れていっているようにも思います。

お彼岸の「彼岸」とは、「向こう岸」を意味し、悟りの世界や浄土のことをいいます。一方で、今生きている現世は迷いの多い此岸（この世）と呼ばれています。彼岸は仏の理想の世界ということです。

彼岸はもともと仏教の言葉から派生したとされています。自分が亡くなった時、その彼岸に渡るために、亡き人へ思いをはせ、感謝の気持ちをあらわし供養を行いましょう、ということであり、その期間を「彼岸」というようになったというわけです。

このように仏教の影響を受けているとはいえ、ほかの仏教国では設けられておらず、この時期にお墓参りをすることなども、日本独自の風習とされています。

彼岸は春分の日、秋分の日をそれぞれ中日として前後7日間を指していいます。春分の日と秋分の日は、太陽が真東から昇り、真西に沈むので彼岸と此岸が最も通じやすい日になるという説もあります。

お彼岸にはお仏壇、仏具の掃除、お墓参りをしてお墓を掃除したり、供花やお供えをしたりします。墓石をきれいに洗い、お墓の周囲も掃除して花や線香を手向けます。また多くのお寺では彼岸法要が営まれます。

一方、お盆とは、毎年夏頃にご先祖さまが死後の世界から戻ってきて、子孫の人々とともに過ごす時期とされています。こうしたいわれから、一年のなかでもお彼岸と並び重要な、先祖供養の時期といえます。

時期としては、8月13日から16日とする地域と、7月の13日から16日とする地域があります。

いずれも、お盆の初日を迎え盆といい、ご先祖さまの霊をお迎えし、14日と15日でお盆法要やお墓参りを行います。そして、最終日を送り盆といい、ご先祖さまの霊を死後の世界へと送り出します。

「迎え火」「送り火」は迎え盆、送り盆それぞれにて行われる儀礼で、ご先祖さまがこの世と死後の世界とを結ぶ道を往復する際に途中で迷わないように、目印として火をつけて煙を出すといわれています。

いずれにしても、お墓には怖いイメージと親しみのあるイメージの両方を併せ持っており、日本人の死や死者に対する思いは複雑だなあと思います。

供養や風習とは別に、亡くなった人が自分を見ていてくれる、とか、守ってくれている、という思いを抱いている人も多いように思います。

例えば人生の大事な節目に「亡くなった父親が応援してくれているから大丈夫」と自らを励ます、といった経験はないでしょうか。大切な身内の形見を持って受験にのぞんだり、結婚式を挙げたりした人もいるでしょう。

このように、死や死者は近しい個人にとっては、生きている人の心の支えになったりもするのですが、葬式や死そのものが日本では負のイメージが先行するために、お墓に対してもなんとなく怖いもの、近寄り難いものととらえられがちだと思っています。

お墓は「暗い、怖い、近寄り難い」場所？

実は私も子どもの頃は、「お墓」を「怖いところ」だと思っていました。

私の両親は九州の内陸部の出身で、就職を機に上京したので、私自身はそこに住んだことはないのですが、小さい頃は祖父母の家があったので、盆正月には両親に連れられてよく行ったものでした。

外遊びには申し分ない自然豊かな場所で、探検と称して藪の中へ入っていったり、川沿いを歩いたり、と、子どもの好奇心をそそるには十分でしたが、そんな私が唯一、苦手だったエリア、それがお墓です。

父方の先祖代々の墓は、家から10分ほど、少し山に入っていったところにありました。菩提寺はあったものの、そのお寺の墓地ではなく、少し離れた場所の共同墓地で、中腹の一角にこぢんまり、10基ほど設置されている、そんな場所でした。周囲は草木がうっそうと生い茂り、昼でも薄暗かった記憶があります。

そのお墓は祖父母が自分たちのために建てたものでしたが、実は父の姉、祖父母にとっては長女が眠っていました。幼少時に病気で亡くなったそうです。

祖母は幼くして旅立ってしまったわが子を思い、毎日お参りをしていましたので、お墓はいつ行ってもきれいに磨かれていましたが、やはり子ども心に墓地は、自分が普段生活している世界とは別世界、のように思えたものでした。お盆になれば私も父母に連れられ、お墓参りに行きましたが、正直なところ、あまり気が進みませんでした。「お墓には亡くなった人が眠っているんだよ」と教えられ、お水をかけたりしていましたが、父の姉、といっても顔も知らず、祖父母や父からは生前の様子が話されることもなかったので、特別な親しみも湧くこともなく、子どもならではの発想ですが死んだ人＝「お化け」というイメージがぬぐえず、暗い、怖い、できるだけ近づきたくない、という思いのほうが強かったです。

祖父母は火葬で弔いましたが、その世代はまだ土葬の習慣が残っていました。祖父母が墓を建てた墓地に土葬の墓があったかどうかは分からないのですが、当時、子ども同士で墓地の近くを通ると「ひとだまが見える」なんて話をし合ったりしたことを覚えています。おそらくそれも、死んだ人がお墓からお化けになって出て来る、と思い込んでいたからではないでしょうか。

話は少し横道にそれますが、土葬の習慣があった頃のお墓は「埋め墓地」と「建て墓地」に分かれていました。前者はご遺体を埋葬する場所で、そことは別に、墓石を建ててお参りする、今と同じ様式の墓地がありました。でも火葬ではないので、建て墓地の下には何も埋められていません。

このように、埋葬する墓のほかにお参りする墓があることを両墓制といいます。この背景には、仏教の考え方が浸透するにつれ、先祖供養をお寺で執り行う習わしが定着したため、建て墓地をお寺やその近辺につくるようになったことがあると考えられています。なお、埋め墓地は埋め墓、建て墓地は参り墓、と呼ばれることもあるようです。

一般に埋め墓は、人里離れた所に作られ、塔婆ないしは自然石を置くだけの簡単なものでした。一方、参り墓には戒名を刻んだ石塔を建てるのが一般的でした。石塔の形も、江戸時代より前は五輪塔といって、仏教の五大元素、地・水・火・風・空を表す石塔が主流でした。それが時代とともに、石塔が亡くなった人の魂の拠り所として見られるようになるにつれ、江戸時代の中頃から現在のような石柱形が増えてきたといわれています。

今はもう土葬の習慣はありませんし、墓地用の土地確保も時代とともに難しくなっていますので、かつて埋め墓地だった場所も建て墓地に整備され、埋め墓地はほとんど残っていないと聞きます。先述のとおり、明治時代以降、火葬が普及したことにより「埋め墓」と「参り墓」がひとつになり、これにともなって、それまでの個人や夫婦単位、あるいは共同のお墓から、家単位のお墓へと変わっていったとされています。

今の私はもちろん、お墓に対して子どもの頃抱いていたような恐怖感などは持っていません。むしろ、お墓を必要とするたくさんの方々とお話をさせていただくなかで、お墓は故人と再会し対話する場だったり、昔をしのび今生きていることの喜びを再確認する場だったり、と、心の拠り所として大切に思われているのだなあと思い知らされ、私自身もお墓にある種の親近感を持つようになりました。

海外のお墓事情から考えたこと

近年はグローバリゼーションにより外国との人の行き来も活発になっています。外国人の方の国内移住も多く、こちらに骨をうずめたいという方も増えてきているようです。葬儀や埋葬、お墓のあり方は周知のとおり、国や民族による違いがありますので、海外情勢にも感度を高くしています。事業を通じ、海外のお墓事情に触れる機会も増えてきました。

例えば中国では、お墓は「異世界」であり「近づいてはいけない場所」ととらえられているようです。そこに入ると異世界へとひっぱられていくとか、寿命を削ると昔からの言い伝えがあると聞いています。

中国の霊園は原則的に国の管理下にあります。郊外では民間が国の許可をとって管理しているところもあるようですが、宗教行事などはなく、墓地の防犯や掃除など事務的な仕事が主のようです。

北京や上海などの大都市にある霊園は、人口を反映してかやはり広大で石塔なども立派なものが建っているのですが、以前訪れた時には人が少なく、がらんとした印象でした。共産党政権では人が集まることをきらうので、宗教活動も制限されているようです。お墓も宗教色はなく、供養という概念も薄い印象を受けました。

中国の、お墓は怖いから近づかないという感覚は、一昔前の日本人のそれと似ているように思います。

その感覚があるから、一昔前までお墓といえば「死んでから残された人が考えること」だったのではないでしょうか。

それが、10年ほど前に終活という言葉が出てきてから、お墓も生前に自分が考えること、とシフトしてきたように思います。

考えてみれば介護も、一昔前は施設よりも家で、家族が担うほうが幸せといった価値観が根強かったように思います。しかし今は、どちらがいいということではありませんが、施設で専門知識や技術を持ったプロのスタッフが世話をするほうが安心、という価値観も多くの人が持つようになってきました。

お墓についても、かつては本人を目の前にして口に出すのははばかられることだったのが、時代の流れとともにオープンになり、前向きに話し合われるようになってきたと感じています。

余談ですが、仏教発祥の地であるインドでは、今は多くの人がヒンドゥー教を信仰しています。ヒンドゥー教の教えの下ではお墓は持たず、火葬したご遺骨を聖なる河とされているガンジス川に流す自然葬が行われています。ただし、ガンジス川から遠い地域では別の聖地とされる場所に散骨されることもあるようです。

また、チベットの一部の地域では、天に還すという意味で、遺体を鳥に食べさせる鳥葬が行われています。

日本国内でも、遺体を里山や河川に還す自然葬は古来より行われていました。今でもご遺骨を墓地として認められた里山に還す樹木葬は存在します。

お墓やお墓参りは、先祖を敬う心のあらわれ

第1章でお墓は祭祀財産と書きましたが、単に法事を執り行うために受け継がれるものでないと私は考えます。やはり先祖を思う心あってのお墓。裏を返せば墓石は立派でもお参り、供養がおろそかになれば、受け継がれたとしても祭祀〝財産〟としての価値があるとはいい難いのではないでしょうか。

誰にもご先祖さまはいます。日本では古来より、そのご先祖さまを大切にすることが幸せにつながると考えられてきました。それはやはり昔から日本の風土を背景にした自然信仰、生きとし生けるものすべてを敬う精神と結び付いてもいます。

花や風、鳥などに亡くなった祖先を重ね合わせ「おじいちゃんが見守っている」とか「お母さんが来てくれた」などという会話はなかったでしょうか。故人が好きだった木や花の苗を植え、成長を見守りながら節目節目で故人をしのぶ、ということもよくある話です。

お墓はそのように大切な故人が眠る場所であり、そこへ行けば心を交し合える場所といえるでしょう。言い換えれば今、生きている人にとって、心の拠り所になる場所の一つなのではないでしょうか。

そして、お墓参りや法事は、そうした先祖に対する感謝の気持ちのあらわれといえます。今自分がこの世にいるのもご先祖さまのおかげ。お墓の手入れをするということは、子孫がご先祖さまと心を交し合い、そのご加護を願う意味も込められているのではないかと考えます。

また、先祖供養をしないでいると、子どもや孫の代に大きな不幸に見舞われたり、家運が衰退すると考える人も少なくありません。

宗教的な解釈を持ち出すまでもなく、自分の祖先を大切なものとして追慕したり、感謝の意をあらわすことは人の自然な心もちだと思います。

家族のつながりを再認識する場でもある

お墓の価値はほかにもあります。

親が病床にあり亡くなる、というときに、それまで疎遠だった子どもたちが集まり看取りをしたことで、再び交流するようになり、絆が深まった……そんな話をよく聞きます。「亡くなったお母さんが、仲を取りもってくれたんだね」心あたたまるエピソードとして葬儀や法要で語られたりするものです。

墓もまた、家族のつながりを保ってくれる場になっているのではないかと考えます。法事が良い例でしょう。日頃、別々に住んでいるとしても、法事では家族皆が顔を合わせ、故人の思い出や昔話に花を咲かせることで心を開く、そんな場が、核家族化が進み身内であっても人間関係が希薄になりがちな現代社会では貴重なのではないでしょうか。

お墓参りや法事は、亡くなった方との心のつながりを感じられる機会であるとともに、今生きている近しい人同士のつながりも再確認できる場なのです。

自分の「眠る場所」――死後の拠り所としての役割も

お墓を、自分の「終の棲家」ととらえている人も多いでしょう。私自身、人は死んだらどうなるのか――そんな「永遠の問い」を抱きつつも、自分なりのひとつの答えとして、墓に眠ると考えています。これは私がお墓の事業に携わっているから、ということではなく、永遠に安住できる場があると思っている方が、死んだらどうなる？と不安を持ち続けるよりも、安寧でいられるような気がするからです。

もちろん、なかには、かつてヒット曲にもあったように、私は墓にはいない、風になって……との考えをもっている人もいるでしょう。決して墓が自分の眠る場所であるべき、などと主張するつもりはありません。

ただ、宗教観が海外に比べると弱い日本においては、死後どうなるのかがつかみどころなく不安という人も多いのは確かといえるでしょう。そして、そのような人が生きている間の拠り所の一つにお墓がある、というのは決して悪いことではありませんし、発想として飛躍していることもなく、ごく自然に受け入れられるものと考えます。

しかし、以前からある墓の形式が、こうした今の価値観に合ったものかといえば、そうとはいえないのではないでしょうか。これについて第3章で述べることにします。

［第3章］

自分のお墓は自分で準備する
知っておくべき「お墓の基本」

お墓を建てる、お墓を継ぐ……その時、何が必要？

墓を建てる、墓を継ぐ、ということは一生のうち、そうそう頻繁にあることではありません。だからこそ、いざ直面した時に何から手をつけたらいいのか、留意すべき点は何なのか分からず、右往左往してしまう人も多いのではないかと思います。

お墓を新たに建てる時、また、今あるお墓を継ぐ時、いつ、どんな手続きが必要なのでしょうか。一般的な流れについて説明します。

新しく建てるには、まず家族に相談すること

新しくお墓を建てようと考えている場合、家でも同じことがいえると思いますが、「どこに建てようか？」と、場所をすぐ決めたくなるものです。

しかし、ここで押さえておきたいのは、従来墓の場合「お墓は自分だけのものではない」ということ。むしろ、お墓を継ぐ人、承継者の方が後々、管理や供養などの手間がかかるのが現実ですから、承継者を含め家族でよく話し合うことが先決です。

自分の墓だから……と、子どもに黙って墓を決めてしまったものの、あとで大反対されキャンセルせざるを得なくなった、という話はよくあります。

まだ元気なうちに墓のことで家族会議なんて、どうもしにくいなあと気が進まない人もいることでしょう。しかし、お墓は家ほどではないにしても、新たに建てるとなるとかなりの費用がかかることと、代々にわたり何十年と管理していくものですから、家族としっかり話し合っておくことが望ましいでしょう。場合によっては親戚に相談することも必要になります。

一昔前なら、何も言わずとも長男が家もお墓も継ぐのが当たり前、というところも多かったのですが、現代はライフスタイルも多様化し、そうした不文律も通用しにくくなってきました。本人が亡くなってから、きょうだいの誰が継ぐかでもめるケースもありますので、やはり生前に話し合うことが大切です。

なお、散骨や手元供養といった、墓を建てない選択肢もあることを付け加えておきます。

墓地の情報を集める

家族の話し合いがスムーズに行われ、承継者も決まったら、墓地やお墓の種類といった情報を集めます。

墓地は大きくわけて次の3つのタイプがあります。

〈公営霊園〉

都道府県や市町村といった自治体が管理運営の主体となる墓地のことです。公営なので比較的安価であり、経営的にも安心感があるということで募集がかかると応募が殺到し、抽選になることも珍しくありません。公平性と平等性の観点から、宗旨・宗派はもちろん、石材業者も自由です。

ただし、公営霊園の募集は期間が決められており、かつ応募するにはその自治体に、一定期間以上居住しているなどの申し込み条件のあるところがほとんどです。区画を選べないところも多いので、当選したが場所に不満といったこともあります。なお、公営霊園は原則として遺骨が手元にあることが条件になります。

〈民営霊園〉

財団法人や宗教法人など、民間が管理運営の主体となっている墓地です。居住地など、公営霊園に設けられているような条件は基本的になく、誰でも申し込みができます。また、公営霊園に比べると区画の大きさや建てられる墓の大きさ、デザイン等の自由度が高いといえます。近年では緑地や花壇をあしらった墓地など個性をうちだしている霊園も多くなってきており、購入者が好みに合わせて選びやすくなっています。なお、民営霊園は生前購入も可能です。

〈寺院墓地〉

お寺が管理運営の主体となる墓地です。基本的には葬儀の執り行いをはじめ法要等、供養に関するいっさいの行事をお任せすることを前提として購入します。価格は寺ごとに決めることができるため、お寺による価格差があり、公営や民営霊園に比べ割高になる可能性もあります。

どのタイプの墓地にしても、ただ景色が良いところ、といったロケーションだけを優先させてしまうと、残された家族がお墓参りしにくいなどの問題が起こることがあります。よって墓地をどこにするかも、家族とよく話し合うことが後々のトラブルを回避するためには大切です。

ここは、というところが見つかったら、事前に連絡を入れ見学します。実際にその場所に出向いてみて、利便性などを検討しましょう。

お墓の種類も、「外墓」と呼ばれる従来型の、墓石を建てるタイプの墓もあれば、遺骨を室内に安置する納骨堂もありますし、それぞれ家単位で引き継ぐ家墓、夫婦二人だけで入る夫婦墓など、その墓に誰が入るのかでもお墓の種類は変わってきます。寺院墓地であればその寺院に、墓石を建てる場合は石材店でも相談にのってくれます。

なお、「お墓は生前に建ててもいいのですか？」というご質問をしばしばいただきますが、お墓を建てる時期は基本的にはいつでも問題ありません。ただし前述のとおり、公営霊園など、遺骨がないと建てられない場所もあるので、事前に問い合わせしておくと安心です。

墓石の注文

従来の一般的な「外墓」の場合は墓石をつくることになります。石材店で、材料となる石の選定から施工まで請け負うことが多く、その石材店も、墓地を決めた際にその霊園や寺院から紹介してもらえることが多いです。

建売と呼ばれる、デザインが統一されあらかじめつくられている墓石もあれば、いちから自分でデザインしてつくる墓石もあり、価格はさまざまですが、１００万円前後がいちおうの目安となります。費用については後述します。

なお、お墓を注文してから建つまでは、最低2カ月程度はかかると考えておくほうが良いでしょう。四十九日までにお墓を建てたい、という方も多いようですが、前述のように急いでことを運ぶと後悔のもとになりやすいといえます。お墓は立地も含め納得いくようじっくり準備し、それまでは家で供養するほうが、トラブルや後悔を回避できるのではと考えます。

納骨の手続き

ここからはご本人が亡くなったあと、遺族がとるべき手続きになります。

まず、故人が亡くなった直後に、役所に死亡届を提出することから手続きが始まります。これをしなくては納骨できません。

また、死亡届とともに火葬許可申請書の提出も必要です。

これらが受理されると、役所から火葬許可証が交付されます。この火葬許可証は、埋葬許可書も兼ねています。火葬許可証を火葬場に提出し、火葬後に遺族へ返却されますが、これが埋葬許可証になるのです。

この埋葬許可証は、納骨先の墓地や霊園に提出する必要があるので、なくさず保管しておかなくてはなりません。

また、納骨先の墓がある墓地や霊園からは、契約時に墓地使用許可証という書類も発行されますので、それと埋葬許可証を併せて墓地や霊園に提出し、納骨が可能となります。

このように、納骨にはいくつかの書類が必要となりますので取得忘れなどがないよう、また、納骨まで期間があく場合は特に、なくさずに保管しておくことが大切です。

納骨と法要

新しいお墓を建てた際、寺院によっては開眼法要（開眼供養）と呼ばれる法要を行うことがあります。

開眼法要とは、お墓や仏壇、位牌などを新しく購入する際に、僧侶を招いて読経をする法要です。この法要を行って初めて、お墓に亡くなった方の魂が宿るといわれています。入魂式、お魂入れ、お性根入れ、お精入れ等、さまざまな呼び名があります。ただし宗派によってはそうした概念がないところもあります。

納骨時の手続きのように、必ずしなければならないといった規則があるわけではありませんが、寺院墓地の場合、開眼法要は宗教的な儀式なので、納骨時の法要とともに開眼法要も行うところが多いといっていいでしょう。民間霊園や公営墓地ではその限りではなく、信仰心が厚いなどで遺族の意向によって行ったり行われなかったりすることが多いようです。

法要については、寺院墓地であればその寺院に確認するのがいちばん確実ですし、民間霊園や公営墓地でももし法要を行いたい、という場合はそれぞれの施設に相談すれば、多くのところで法要をあげてくれる寺院を紹介してもらえます。

墓じまい、改葬するには何が必要か

お墓を今自分たちが住んでいる場所に移すなどで、改葬が必要な場合は、今のお墓を墓じまいする手続きと、新しい墓地へ改葬する手続きが必要です。おおむね次のような手順で進められます。

1. 家族、親族との相談

改葬する理由や改葬先の埋葬の仕方などを話し合いましょう。

2．新しいお墓を決定

改葬先の埋葬の仕方が決まったら新しいお墓を探します。

3．墓地管理者と相談

今あるお墓（または墓じまいをする墓）の墓地管理者に改葬の相談をします。

4．改葬の諸手続き

改葬のための書類作成や手続きを行います。

5．遺骨を取り出す、土地を更地にする（墓じまいの場合）

改葬許可証を提示し、遺骨を取り出します。

なお、遺骨を取り出す際、寺院によっては閉眼法要という法要を行うこともあります。

墓じまい・お墓の引っ越しはどんな手順で進むの？

【お墓の引っ越し（墓じまい・改葬《かいそう》）の主な流れ】

お墓の引っ越しの大まかな流れです。

①家族、親族との相談

改葬する理由や改葬先の埋葬の仕方などを話し合いましょう。

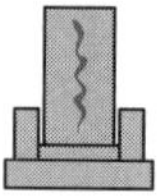

今のお墓

③墓地管理者と相談

今のお墓の墓地管理者に改葬の相談をします。

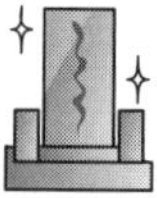

引っ越し先のお墓

②次の埋葬の仕方と新しいお墓を決定

改葬先の埋葬の仕方が決まったら、新しいお墓を探します。

④改葬の諸手続き

改葬のための書類作成や手続きを行います。

⑤閉眼法要《へいがんほうよう》（希望する場合のみ）遺骨を取りだし土地を更地にする工事

改葬許可証を提示して遺骨を取り出します。法要は希望する場合に行います。

⑥遺骨の安置

取り出した遺骨を自宅などに安置します。

⑦開眼法要《かいがんほうよう》、納骨法要（希望する場合のみ）

法要は希望する場合に行います。

⑧納骨

新しいお墓に遺骨を埋葬します。

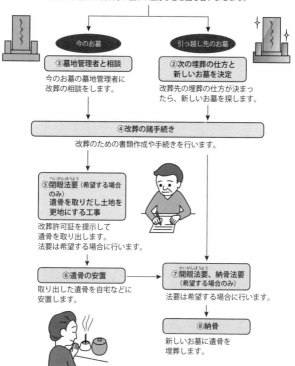

6. 遺骨の安置

取り出した遺骨を自宅などに安置します。

7. 開眼法要、納骨法要

（以下は、新しいお墓）

改葬先が寺院の場合、宗教的儀式として行うことがあります。永代供養墓では、希望する場合に行うことが多いです。

8. 納骨

新しいお墓に遺骨を埋葬します。

新しくお墓を建てる時と同様、改葬、というとまず「墓探し」をしなければ、と思いがちですが、その前に家族や親族とよく話し合うことが大切です。墓じまいをするお墓に、親族と縁の深い故人の遺骨が入っていればなおさらです。墓守は自分だから、と、独断で進め、相談せず遺骨を取り出したり、別の場所に埋葬してしまったりしては、関係にひびが入り、大きなトラブルに発展しかねません。たとえ普段ほとんど交流がなかったり、めったにお墓参りにこないような親族であっても、墓じまいをしようとしている墓に入っている遺骨と縁のある人すべてに、配慮する必要があると考えます。

墓じまいといえば一般的に、そのお墓に入っている遺骨すべてを移動させることになりますが、なかには、今のお墓は残し一部の遺骨を移動させる、というケースもあるでしょう。それも親族と話し合い、明確にしておく必要があります。話が先に進んでしまってから、誰の遺骨を取り出すのかで行き違いがあり、もめてしまっては、白紙に戻ってしまう恐れもあります。

そもそも、墓じまいそのものに異を唱える親族もいるかもしれません。承継者でもなく、お墓の維持管理に関わっていない人であっても、心情的に今ある場所から動かしたくない、と言う人はいるものです。この場合も、自分が承継者だからと強硬に進めようとするとこじれる可能性がありますので、遠方で維持管理ができない、など、墓じまいをしたい理由を丁寧に説明することが肝要です。

このように、墓じまいや改葬への同意を得られたら、改葬先についても親族と考えを合わせておく必要があります。

一口に改葬といっても、引っ越し先はいくつか選択肢があります。例えば今、民間霊園や公営墓地にお墓があるが、そのあとある宗派に入信したり、宗派が気に入ったりして、その宗派の寺院墓地に改葬する、というケースもあるでしょう。その場合、そのお寺の檀家になることが条件であることが多々あります。それを自分はよしとしても、親族がよく思わない、という場合はよく話し合い、説得する、ということが必要になってくるかもしれません。

逆に、今、ある宗派の寺院にお墓がある場合、次も同じ宗派の寺院墓地にするという選択肢もあれば、民間霊園や公営墓地を探す、という選択肢もあります。この場合は、今のお寺の檀家をやめる（離檀）ということになりますが、これも親族の了解をとっておかないと、後々トラブルのもとになる可能性が高いと考えられます。

さらに、自分以降の承継者がいないという場合は、改葬先を永代供養墓や納骨堂にすることも選択肢に入ってきます。

こうして家族親戚と相談し、次の埋葬の仕方を決めてから本格的なお墓探しのスタートです。

今のお墓がお寺にある場合は、このタイミングで改葬をしたい旨を、お寺の管理者にお話しするのが良いと思います。次の埋葬先が決まってから切り出すのでは、お寺にとっては急なことでもあり、決して気分の良いものではないでしょう。今までご供養をしてきたのに……と、こじれてしまう恐れもあります。

今あるお墓のお寺からは、改葬許可申請書という書類に署名捺印をしてもらわなければ改葬ができません。改葬を滞りなく進めるためにも、お寺に納得していただけるよう丁寧に対応していく必要があります。

具体的には、これまで供養してくださったことへの感謝をお伝えすること、そして改葬の理由も誤解のないようしっかり説明することが、トラブルを防ぐ最善策と考えます。

なお、改葬するにはほかに、自治体から改葬許可書や、埋葬証明書の交付を受けなければなりません。いずれも新しい埋葬先に提出するための書類です。今、お墓がある場所の市町村で申請に必要な書類を入手できますが、一生に一度あるかないかのことですので手続きにとまどう方も多いようです。改葬が決まったら早めに自治体の窓口に相談すると良いでしょう。

諸手続きが済むと具体的に墓じまいをすることになりますが、今のお墓が寺院墓地で、檀家の場合は、閉眼供養などの、墓じまいにおける法要を行うことが多いと思われます。改葬先が寺院で、檀家になる場合も同様に、納骨法要などの法要が必要になることが多いようです。

なお、墓じまいをしたあとのお墓があった場所は更地にしてお寺にお返しするのがマナーとされています。

墓じまいや改葬にかかる費用は？

費用については「今のお墓の墓じまいにかかる費用」と、「改葬先のお墓にかかる費用」に大別されます。

ただしそれぞれ、お墓のある場所や改葬方法によって費用は異なりますので、一概にいくら、とはいえません。例えば墓じまいの際、基本的に遺骨の取り出しやお墓のあった場所を更地にするには、それぞれ専門の業者に依頼する必要があり、費用も業者によってばらつきがあります。墓地によっては業者を指定するところもありますので、確認することが望まれます。

また、改葬といっても墓石ごと新しい場所へ引っ越す場合と、改葬先で新たに墓石を建てる場合では費用が大きく違ってきますし、改葬先で墓石を持たない（納骨堂や樹木葬など）場合もあるでしょう。改葬先までの距離にもよりますが、運搬費用も計算に入れる必要があると思います。

どの段階で、どれだけ費用が発生するかは、実際に作業をする石材店や、運送会社、墓地などに確認し、一覧表にするなど目に見える形にしておくと、後々「思ったよりかかってしまった」というような失敗を回避するのに役に立つでしょう。

さらに、それまで墓があったお寺に対しても、今までお世話になったお礼を差し上げます。これは「離檀料」とも呼ばれていますが、マナーとして、これまでの供養に対してお寺に支払う謝礼の意味合いが強いものです。特にルール化されているわけではなく、金額も決まっていません。

相場として法要の3回分が目安とされていますが、それまでのお寺とのお付き合いの深さによっても変わってくるようです。失礼にあたらないよう、心配であれば事前にそのお寺と古くから付き合いのある檀家等に相談するほうがより安心かと思います。

増える〝お墓問題〟

ここまで説明してきた基本的な手続きを理解し、スムーズに進めることができれば、お墓に対する心配事はほぼ、クリアできるものと考えます。

しかし現実にはなかなか予定どおりにことが運ばず、苦慮するケースも見受けられます。第1章でも触れましたが、あてにしていた子どもがお墓を継がないと言い出した。継ぐ意思はあっても遠方に住んでいて負担をかける、といった承継に関わる問題が起こったり、思いのほか費用がかさむ、といったコスト面で頭を抱えたり、などです。

加えて第2章の最後で話したように、長い歴史を持つお墓のあり方が、必ずしも現代の事情に合っているとはいえないために、伝統やしきたりに沿うことがままならず、困難に直面してしまうケースも増えてきています。

今一度、現代人が直面しやすい〝お墓問題〟を整理してみましょう。

世話をする人がいない

現代の日本社会は少子化に加え、都市部への人口の集中化に歯止めがかかっていない状況であることは第1章で説明しました。都市部どころか海外で暮らす人も珍しくはありません。このことは、生まれ育った場所でずっと暮らし、そこで亡くなっていくという人が少なくなっていることを意味します。

昨今はいわゆる「田舎暮らし」の良さが再確認されつつあり、若い人の移住がちょっとしたブームになっている向きもありますが、しかしそれは自然が豊かであるとか、マイペースでのんびり暮らせるといった、より自分のライフスタイルに合った場所を求めてのことであり、自身の出身地に戻ることとは必ずしもイコールになりません。

Uターンや I ターンも見直されつつあるものの、政治経済の中心はいまだ都市部であることに変わりはなく、そのようにして戻っていく人も全体から見れば、地方の再活性化を大きく盛り上げるまでには至っていないと考えます。

遠方で生活をしていると、節目節目のお墓参りにも次第に足が遠のいてしまうものです。生まれ故郷に亡くなった親の墓があるが、遠いため墓参りに長いこと行けていないという人もいるのではないでしょうか。たまのお墓参りも長い時間をかけてはるばる、ということになると費用も含め負担となるのは否めず、だんだんお墓参りは面倒なもの、しなくてすむならしたくない、という気持ちになってしまう人もいるかもしれません。

お墓参りができないと次第に、親やご先祖さまを思う気持ちや故郷への愛着も薄れていきやすいものだと私は考えます。故郷のお墓が、人々の心のなかでどんどん遠い存在になってしまうのは寂しいことです。

お墓は一年もすれば周囲に草も生い茂ってきますし、雨風にさらされ汚れも目立ってきます。これではご先祖さまが悲しむことでしょう。

よしんば世話をする人がいるとしても、高齢化がどんどん進んでいるのが実情です。生まれ育った場所に人が戻らないのですから、ずっとそこに住み続けている人がその土地の生活基盤も担っていかなくてはなりません。一昔前であれば若い人に引き継がれていた物事を、高齢者がなんとか、もちこたえているという状況です。しかもその人数も年月の経過とともに減っていく一方です。

いずれその人が亡くなってしまうとお墓を継ぐ人がもういない。ともするとお墓が放置されたままになりかねない。そのような状態が差し迫っているお墓も少なくないのではと懸念しています。

昔ほどお墓に費用がかけられない

そもそもお墓を建てるのにどんな費用が発生し、いくらかかるのか知っている人は多くはないのではないでしょうか。

家を新築する際にも同じことがいえますが、基本的な考え方は「土地代＋お墓代」＝お墓を建てる際の総額、になります。

土地は区画を買い取るわけではなく、その区画を使う権利を買うことになります。墓地を永代に渡り使用する権利で、墓地の規定に基づき、年間管理費を納めるなどの条件を満たせば、お墓の継承が続く限り行使できます。そしてこの権利に対して払う費用を永代使用料といいます。一般的にはお墓を建てる際に一括で支払います。

永代使用料を支払い、手続きを経ることで得られます。

この権利は祭祀主宰と同様に継承することは認められていますが、第三者に譲渡、転貸することはできません。

お墓をもっている人のなかには、墓地が自分の土地だと思い込んでいる人も少なくないようですが、永代使用料を払っても得るのは「使用する権利」だけであり、土地が自分の資産になるわけではありません。あくまで所有者は墓地や霊園の管理者、例えばお寺の墓地であればそのお寺が所有者ということになります。

永代使用料は区画が広いほど高くなりますが、都心は地価がもともと高いため、同じ予算でも地方より狭くなるのが普通です。逆に、地価の安い地域ではあらかじめ一区画が広く設定されており、都内より使用料が高くなる場合もあります。

いずれにしてもいちから墓を建てようとする場合、土地を確保し、墓石を建立するには相当な費用がかかることを念頭に置かなくてはなりません。

お墓部分はさらに墓石代や名前を彫るなどの加工費、工事費等があり、オリジナルのデザインにするとなると設計費などもかかります。

また、墓石というと地上に出ている部分だけがイメージされやすいのですが、地下にもお骨を納めるスペースをつくる必要があり、費用がかかります。この場所を納骨室（カロート）といいます。

墓石にはさまざまな種類があり、値段にも幅があります。なかなか手に入らないレアな石を好む人もいるようですが、値段が高くなるのに加え、将来的に傷んだ時の修繕が難しいという点は留意しておかなくてはなりません。国産よりも安定供給できるという点で、昨今はアジア諸国からの輸入ものが大半を占めています。

なお、墓地に建てる際に基礎工事が必要なところは、その費用が利用者負担になる場合もあります。そのほか、墓地によって、運搬費や設置にかかる費用が加算されることもあります。

家と同じようにお墓も「手をかけるほど費用がかかる」ものといえます。例えばいちから自分でデザインを起こすようなオーダーメイドのお墓では、デザイン料などでさらに費用が上乗せされる一方、お墓には建売のタイプもあり、工事費等設置にかかる費用が抑えられるものもあります。

そのため価格帯にはあくまで幅がありますが、従来型のお墓を建てるのに必要な予算は200～300万円程度というのが一般的な相場といったところでしょうか。

かつては先祖代々、一族で入るもの、という認識から、一度建てればずっと子や孫の世代までそのお墓に入ることを考えれば、このくらいの金額も許容の範囲だったかもしれません。

しかし現代社会は核家族化が進み、自分のあとの世代も入ることを見越して墓をつくるという考え方が成立しにくくなっています。さらにバブル以降の景気の停滞、高齢化による医療費や介護費の負担が重い、などの現状から、かつてのようにお墓を建てることに費用をかける余裕がなくなってきているのもまた実情と思われます。

さらに、従来の墓の場合、建てて終わりというわけにはいきません。

従来型のお墓の場合、ランニングコストとして忘れてならないのが年間管理料です。これはお寺や霊園等が、その墓地を管理運営するためにかかる費用で、こちらはお墓がある限り、毎年支払いが発生します。

この金額に規定はなく、墓地により年間数千円～数万円までさまざまです。同じ墓地でも区画や墓石の大きさによって金額設定が異なるところもあります。

なお、年間管理料はお参りに来る人が使う水場やゴミ箱、お墓の通路等公共の場所やものの整備に使われるもので、各家々のお墓や区画の清掃は含まれていません。年間管理料を支払っているのだから掃除にいかなくてもいい、ということにはならないのです。

従来のお墓の場合、個々のお墓は自分たちできれいにするのが基本です。墓石が傷んだ場合、柵が壊れた場合などのメンテナンスにかかる費用も遺族が負担することになります。

今ある一般的な墓地は、１９６５年頃から増えてきました。その頃に立てたお墓は50年を超えてきています。そろそろ墓石のひび割れなどの傷みが目立ってくる頃です。

たとえ石に問題はなくても、周囲を囲う柵が倒れるなどで、隣り合う墓の所有者に迷惑をかけることもあります。しかし現実にはその修繕まで手が回らないのか、放っておかれる区画も少なくなく、トラブルに発展してしまうケースも増えていると聞きます。

このように、建てたあとにもずっとなにがしかの支払いが続くことも考えあわせると、二の足をふんでしまう人も増えているのが現状といえます。人生100年時代ともいわれる時代、ほかのさまざまなことにお金がかかり、お墓には昔ほど予算を当てられないという人が増えているというわけです。

価値観の多様化に対応しきれていない

一昔前までは、「葬儀は親族・親戚・隣近所が協力し合うもの」という社会通念がありました。

近所づきあいも、親族や親戚との行き来も頻繁にあり、人間関係が今よりも濃密だったため、人が亡くなるということは家のみならず地域にとっても大きなことだったのです。

葬儀や埋葬に関わる人が多ければ多いほど、その集団のなかでの価値観の統一がある程度必要になります。そこに属する人がそれぞれ好き勝手を主張したら、物事は進まないからです。従来の葬儀やお墓のあり方には慣例が存在し、その枠のなかでやりましょうという無言の申し合わせがありました。異をとなえると「故人の顔が立たない」などと白い目で見られたものです。

しかし時代は変わり、今はその「集団」がとても小さい規模になっています。地域や企業をあげて葬式を執り行うといったことは、よほど貢献度の高い人が亡くなった時に限られますし、親族が葬儀や埋葬に口を出すということもなくなってきました。

故人の家族のみでうちうちに、というのは、一昔前はひっそり人目を忍んでといったニュアンスが感じられ、あまりいい印象を与えませんでしたが、今はそのように言う人がいても穿った見方などされることはほとんどありません。それだけ、少人数、小規模での葬儀が多くなり、認知されてきたということでしょう。

さて、葬儀や埋葬に関わる集団がこのように小さくなれば、そこにいる人は自分の意見が言いやすくなります。既存の枠にとらわれず、私はこうしたい、という思いが実現しやすくなるというわけです。故人も、昔なら親族や地域の手前言い出しにくかったことも、ごく内輪であれば、「自分が亡くなったらこうしてほしい」といった希望が言いやすくなっているのではないでしょうか。

すでに、葬儀や埋葬に対する価値観は多様化へと向かっています。そんな社会の変化に応じて、葬儀やお墓も、よりパーソナルなニーズに合わせたさまざまなスタイルのものが実際に登場してきています。

その多様化した価値観に、従来のお墓の形式は必ずしも沿うものにはなっていないのが実情ではないでしょうか。

例えば「私はこの墓に入りたくない。海に散骨してほしい」と子どもが言えば、どんなに立派な代々のお墓があったとしても、その子にとっては不要なものになってしまいます。墓がある場所から遠く離れた地に永住を決め、そこに骨をうずめたい、と願えばやはり、その墓に入ることはないでしょう。

また、女性の場合、婚家の墓に入るのが日本の伝統的な考え方ではありましたが、近年は個人を大事にする個人主義の台頭と合わせて「姑や夫と同じ墓には入りたくない」との考え方をオープンにできる風潮も高くなってきています。

広さへのこだわりも過去のものになってきています。都市部では、ここ20年くらいの間で、売り出される一区画当たりの面積が以前と比べて半分ほどになっているとも聞いています。

このように、以前は重要視されていた感のあるお墓の大きさや見た目、立地にこだわらない人が増えているのです。

ある意味、家や車と似たような感覚なのかもしれません。大家族であればそれなりに大きな家が望まれても、核家族や単身世帯ならコンパクトなほうが住みやすく手入れも行き届きやすいでしょう。車もかつては富やステイタスの象徴で、大きく見栄えの良い高級車は憧れの的でしたが、今は機能重視で小回りが利くタイプが売れていると聞きます。さらには所有にこだわらないライフスタイルを背景に、カーシェアリングも普及してきています。

もちろん大きいものはすべて時代にそぐわないから悪い、といっているのではありません。そういう価値観の人もいるでしょうし、必要とする人もいるでしょう。ただ、世の中の流れが少子高齢化になっている以上、それほど大きなものにはもうこだわっていない方が増えているということはいえると思います。

要は快適に暮らせればよく、そのために「大きなものである」ことは絶対条件ではない、ということです。

ではお墓に置き換えるとどうか。お墓に対する意味づけは個々人によって違うと思いますが、少なくともここ半世紀で、ご先祖さまを敬う、その気持ちの現れ方として、大きくて立派なお墓が必ずしも絶対ではない、という考え方になってきています。

墓もはや「家」のもの、ではなく、「個人のもの」という価値観が生まれてきており、個々のニーズに応えられるものが望まれているのではないでしょうか。従来のお墓はそのニーズに応えることが難しくなっているといえます。

お寺側としては土地の問題も

ここまで話してきた人手不足の問題や費用面の問題と相反し、お墓そのものの需要はこれからも右肩上がりの様相を呈しています。亡くなる人がこれからますます増えていくからです。

団塊の世代が平均寿命に達する２０４０年頃には、死亡者が年間１６０万人を超え、ピークを迎えると予想されています。

それを受けて近年、登場したのが「多死社会」という新たな言葉です。ストレートな表現で、穏やかならざる感じは受けるものの、高齢者が増えればいずれ死亡者数も増えるのは当然のことなので、ある意味素直な、分かりやすいワードといえるでしょう。

多死社会の到来を前に、介護や福祉、医療分野ではさまざまな問題提起がされていますが、死が直結するお墓にとっても課題多き社会といえます。お墓問題の大半が、多死社会を背景に発生しているといっても過言ではないでしょう。

その最も分かりやすい例と思われるのが、お墓の用地不足です。

人口は2008年をピークに減少に転じており、2060年には2010年人口の約3割減との予測も出ていますが、一方で、先述のとおり就職を機に都市部へ行き、そのまま長きにわたり生活の拠点をおき、地元に帰らない人も増えているなど、人の偏在、つまり都市と地方の人口格差も拡大しているといわれています。

こうした都市部への一極集中もあり、墓地不足、用地不足も深刻化の一途をたどっています。

これに加え、都市部の地価が高いことも用地不足の大きな要因として挙げられます。いわゆるバブル景気で一気に地価が高騰してから、平成不況と呼ばれる状況になってもさほど都市部では下落することなく、高い水準となっています。かたや購入者にとっては買いたくても買えず、かたや寺や霊園にとっては、用地を確保しにくいという状況に陥っているのです。

墓地としての用地確保が難しいのは、法律の規制をクリアしなければならないことにもあります。

墓地は「墓地、埋葬等に関する法律（墓地埋葬法）」により、「墳墓を設けるために、墓地として都道府県知事（市又は特別区にあっては市長又は区長）の許可をうけた区域をいう」（法第2条第5項）と定められています。

例えば個人が勝手に自宅の庭先に墓を建てることはできませんし、自治体や私企業が許可なく墓地をつくることもできません。

多死社会が間近に迫り、墓地造成が特に都市部では急務となっていますが、一定の手続きをしなければ許可はおりないので、すぐに開発に着手することはできないのです。

しかも、墓地や霊園となると周辺の住民への説明なども必要です。どうしても近くに墓地や霊園があるとなると、その近辺の土地評価にとってはマイナス要素になってしまうというのが現実ですので、住民の反対にあうこともままあります。地域住民の納得が得られなければつくれませんので、そこでも時間がかかるというわけです。

さらにつけ加えるならば、こうした事業を自治体が主導となって行う場合、その自治体に財源が十分になければ進めることが難しくなります。実際に財源の確保が難しく着手できないケースも多いのです。

このように、墓地の造成や拡張にはいくつものハードルがあるといわざるを得ず、年単位の長いスパンで検討し計画的に進めていかなくてはならないのです。

しかしそのような事情にはかまわず、多死社会は目前に迫っています。亡くなっていく方の増加のスピードに、墓を増やす動きが追い付いていないというのが現状といえるでしょう。

最も大きいのは「承継問題」。継ぐ人がいないこと

ここまでいくつか、従来のお墓をめぐる社会的な問題を挙げてきましたが、なかでも最も切羽詰まっているといえるのが承継問題といえるでしょう。

承継問題は大きく二つあります。一つは自分が承継者だが、負担であること、もう一つは、自分は承継者ではないが、次の世代の承継者がいないことです。前者は、自分の入るお墓はあることはあるが、遠方などで不便であるなど、自分が入るまでの管理が難しい問題を抱えています。後者は、現在自分の入るお墓がなく、建てる必要があるものの継ぐ人がいない、あるいは継がせたくない、という問題です。継がせたくない、というのは次世代に負担をかけたくないという気持ちから、というのが大きいでしょう。

それでも、お墓は民法により、あらかじめ、「継続」前提で、先々のことを考えておかなくてはなりません。そして、たとえ「継続」を考えていても、必ずしもそのとおりになるわけではない、というのもお墓の難しい点です。

例えば、今は遠方にいる長男が「いずれはUターンする」と言っていたので地元に墓を

建てたが、その後状況が変わり、やっぱり帰らないと言い出した、など、目論見が外れることはよくあります。

家なら、自分たちのあとに住む人がいないのであれば売るなり、更地にすることもできますが、お墓は中にご遺骨があるだけに、家よりもずっと判断が難しくなってしまいます。民法で定められた「承継すべきもの」であるお墓と、従来の墓のあり方がマッチしなくなってきているのです。民法に則って承継しなければならないのに、社会の変化により、それがしにくくなっている人が増えている、というのが最も重大な問題といえます。

承継者がいないと「無縁墓」に

管理・承継する人がいなくなると、その墓は「無縁墓」となってしまいます。

「墓地、埋葬等に関する法律（墓地埋葬法）」の施行規則第3条に「死亡者の縁故者がない墳墓又は納骨堂（以下「無縁墳墓等」という。）」と明記されており、法律上は「無縁墳墓」と呼ばれます。

縁故者がいたとしても承継を拒否し、管理費等の支払いがなされなければいずれ無縁墓となります。

無縁墓になるとまず、そのお墓の管理者（お寺や宗教団体、自治体等）によって、承継者候補となる縁故者がいないかどうかの調査がなされます。そのうえで承継者が見つからなかった場合は、原則としてお墓は撤去されます。

そしてご遺骨は墓のあったお寺や霊園の合祀墓等へ改葬されます。

墓地の購入にあたっては、その区画の永代使用権も買っていることになっていますが、承継者がいなければその権利も取り消されてしまいます。

しかし実情としては、撤去もされず、荒れたまま放置されてしまうお墓も少なくありません。撤去やご遺骨の合祀墓等への改葬にも費用がかかり、それを誰が負担するか決められなかったり、そこでもめたりすることも多々生じるからです。

なにより、それまでお世話になったお寺や霊園に負担をかけることになります。これでは恩を仇で返すと言われても仕方がありません。

それ以上に、ご先祖さまの供養が途絶えてしまう、ということに対し、無縁墓を抱えているお寺の関係者は胸を痛めています。宗教者である以上、できることなら自分たちで引き続きお墓を守り供養をしていきたい、という気持ちはもちろんあります。しかしいつまでも、費用や手間をかけつづけることは困難といわざるを得ません。

無縁墓の数は年々増加傾向にあります。現在、大都市圏においては「無縁墓がひとつもない」という霊園や墓地は珍しいのではないかと思います。半数近くが無縁墓になっているところもあると聞いています。新しくできたばかりの霊園や墓地には少ないものの、先述のように日本の墓地は１９６５年頃から増えはじめているので、無縁墓を抱えている墓地のほうが圧倒的に多いと思われます。歴史が古いほど無縁墓も多くなりやすい、といえるでしょう。

根本的な悩みは「先祖の供養をどうするか」

無縁墓にするわけにはいかない、ということで多くの方が悩んでいる状況と思われます。

当社でも、今まで多くの方のお墓に関するご相談を受けてきましたが、こと承継者問題に悩んでいる人は、単にお墓という目に見えるものを管理できないという思いだけではなく、もっと精神的な部分、例えば「先祖の供養ができない」のを苦にしていることが透けてきます。

　このままでは供養ができない、ご先祖さまに申し訳ない、かといって改葬し今までのお墓をなくすことにも罪悪感がある、代々守られてきた墓なのに、自分の代でなくしてしまっていいのか、といった悩みです。

　自分のあとを継ぐ人がいない場合の承継者問題を抱える人は、先祖の供養というよりは、このままでは自分の墓が無縁墓になり、迷惑をかけてしまうのではないか、といった悩みが主となり、表立っては出てこないものの、やはり供養はしてもらいたい、無縁墓になり放っておかれるのはいや、という気持ちは伝わってきます。

　いずれにしても「供養はなんらかの形で継続したい。途切れさせてはいけない」という価値観は、今も昔も変わっていないと私は思います。先に挙げたように無縁墓が増えているとはいえ、本来は、墓の見た目や場所よりも、供養が伴っていることが大事であるというのが、日本に受け継がれている精神、お弔いの心なのではないかと思うのです。

コラム

お墓に税金はかかるの？

家や土地は、売買や贈与で取得した場合、「取得税」がかかりますが、墓地を買うといってもそれは自分の所有物になるわけではなく、永久に使用する権利を買うことになります。したがってお墓に「取得税」はかかりません。また、「固定資産税」も課税されません。

また、家や土地を相続する時には「相続税」がかかりますが、お墓の場合は所有する財産ではありませんので、承継する際に「相続税」はかかりません。

お墓に課せられる税金は、墓石工事代にかかる「消費税」のみです。

お墓の譲渡はできるの？

墓地を購入しても、得るのは所有権ではなく使用権であり、墓地の所有者はあくまでお寺等の墓地管理者です。したがって、お墓を第三者に譲渡することはできません。

改葬などで、墓地が不要となった場合も親戚に譲ることはできません。墓地管理者に申し出て手続きをします。

［第4章］

現代日本に合った、新しい時代のお墓

――永代供養墓とは

価値観の変容から見えてきた「お墓の条件」

第3章で、家族構成やライフスタイルの変化を背景に、必ずしも大きさや見た目にこだわらない価値観が主流になってきた旨の話をしました。

住居にしても、車や家電にしても、今は機能性が重視される時代です。まして世帯員が少なければ、それに応じた適度な大きさのほうがなにかと扱いやすいと重宝されるのが、昨今の風潮といえます。

では、お墓に置き換えるとどうでしょうか。車や家電のように「使い勝手」という言葉で表すのはどうかとも思いますが、お墓に求めるものを絞り込んでいけば、「お骨を安全に安置できること」、そして「お参りしやすいこと」に集約されるのではないでしょうか。

大きさや見た目もご遺族の価値観がそこにあれば、その方々にとっては重要な条件になることはいうまでもありません。故人の人柄や業績をお墓で表したいという考えであれば、大きく立派なお墓になるでしょうし、それを他人がとやかくいえることではありません。

ただ一方で、それでは小さなお墓に故人を思う気持ちが乏しいのかといえば、決してそのようなことにはならないでしょう。大切なのはあくまで供養。お墓を建てることよりも、お墓を建てたあとのことが問われると思うのです。

先述のように、大きく見た目に立派なお墓を建てたとしても、もしそのあと誰もお参りに行けず、供養できなかったとしたらどうでしょう。豪邸を建てても手入れが行き届かずぼろぼろだったら、かえって悪目立ちしてしまうのと似たようなもので、故人の生前の業績が周囲に伝わるどころか、「あんなに大きなお墓なのにさびれてしまって……」などと、かえって落差が目についてしまうのではないでしょうか。

故人を想う気持ちは、お墓を建てるときのいっときだけ表せればよいというものではないことは明らかです。

ご先祖さまをいつまでも供養するために

いつの時代も、親が子を思い、子が親を思う気持ちは変わりません。しかし今のお墓のあり方では、必ずしもそれが行動に移せない人がいて、年々増えているのが日本の実情です。

子どもから見れば供養したくても自分が遠方にいるなどでできない、親から見れば、子どもに墓のことで面倒をかけたくない、という気持ちです。

それなら、それを確実にできるお墓の形態があれば、そういった悩みを持つ人々のニーズに応えられるのではないか。言い換えれば、お墓も自分の家族構成に合うものを選べるほうがいいのではないか、という発想で生まれ、広まってきたのが永代供養墓という新しいスタイルのお墓です。

つまり承継者がいない、離れたところにいて承継ができそうにない、あるいは将来が流動的で確約できない、そうした事情で将来にわたる供養の継続が難しい可能性があるすべての人の、新たな選択肢となっているのが永代供養墓なのです。

永代は「永遠」、そして供養は文字どおり、亡くなった方をご供養することです。つまり永代供養墓は「永遠に供養をする」ためにできたお墓です。

供養をするのはもちろんお寺です。永代供養墓は申し込んだ時点で、子孫の状況がどのようになろうと関係なく、永遠の供養が約束されているお墓なのです。

つまり、「承継を前提としない」というのが最も大きな特徴です。

しかし、こうした本来の意味とは裏腹に、どうも永代供養墓にはいくつか誤解されていることがあるように思います。ここ10年ほどの間で少しずつ名前が知られるようになったものの、その内容については現場の人間として、十分かつ適切な情報が伝わっていないようにも感じています。

永代供養墓について、より深く知っていただけるよう、よくあるお問い合わせなども交えながら、特徴を述べていこうと思います。

永代供養墓＝合祀ではない

「永代供養って合祀なんですよね？　他人と一緒にされるのはいやです」今でも、お墓のご相談にこられる方から、頭ごなしにこう言われることが多々あります。

一般的にはまだまだ、永代供養といえば合祀、つまりほかの人の遺骨とともに一カ所に埋葬されるもの、との認識が強いように思います。

確かに永代供養墓の中には、合祀のタイプのものもあるのは確かです。もともと10年ほど前、永代供養墓ができはじめたころは合祀タイプがほとんどだったことも事実です。その時に情報を得た人は、永代供養墓＝合祀と思い込んでしまうのも無理はないでしょう。

しかし今は違います。より利用者の多様なニーズに応えるべく、永代供養墓のバリエーションがここ数年の間に増えてきています。合祀ではない、個別墓のタイプも登場しており注目されています。

個別墓はイメージしていただきやすいよう「マンションタイプ」と当社では呼んでいますが、お寺の敷地内に約30㎝四方のお部屋を集めた一角を設けており、そこに契約された方のお骨を骨壺に入れて安置するようになっています。

合祀の場合、骨壺がないということが、死者をねんごろに弔っていない印象を与えがちであると、今まで多くのお客さまとお話ししてきて感じています。実際、個別墓で骨壺ごと安置しますと申し上げるとほっとした表情になる方が大勢いらっしゃいます。

骨壺にはいくつかのサイズがあり、例えば関東で一般的なのは底面が21㎝ほどの七寸壺です。当社の個別墓では、その七寸壺が2～5つ入る設計がなされています。個別墓ですからほかの人のお骨と混ざるようなことはなく、その一室を利用できるのはご夫婦やご家族のみ。コンセプトは従来のお墓と同じである、と考えていただいて構いません。

あとから人数が増えた場合に対応できるのも、従来のお墓と同じです。ただしスペースは従来のお墓より小さいので、増えた場合は骨壺を小さいタイプにして、同じお部屋に安置します。別々にしたり、違う場所に移したり、ということもありません。最初に契約したお部屋にずっと安置できます。

また「マンションタイプ」と聞くとなんだか味気ないイメージを持たれる方もいるかと思いますが、実際にはお寺や墓地の風景になじみ、美しく映えるデザイン性豊かな墓地が増えてきています。従来墓で使用される墓石とそん色のない上質な石材で、つやと深み、重厚感のあるデザインや、強化ガラス製で洗練された清潔感のある、明るい印象を与えるデザインなどが人気で、年々種類も増えており、選ぶ楽しみも味わっていただけるものと思います。

ここまでの話を踏まえて、「それでは、従来のお墓が小さくなっただけの違いなの？」と思われるかもしれません。

確かに〝仕様〟を先にご説明すると、従来のお墓との違いは大きさだけのように受け取られがちですが、もちろん、それだけではありません。

承継者を必要としない、というのが従来のお墓とはまったく異なる点です。お寺がずっと供養をし、管理もきちんとしていくことがセットになっているお墓なのです。だからこそ「永代供養墓」なのであり、この点が承継者に悩んでいる方に最も大きな支持をいただいていると思われます。

もう一つ、従来のお墓と違う点があります。

それは、家族や一族で一つのお墓を買う、という考え方ではなく、個人単位で登録するという考え方に基づいていることです。

つまり、個別墓を契約する際、誰がそこに入るかをあらかじめご登録いただくのです。先述のとおり、なんらかの事情がありあとから増える場合は、その際に追加登録することになります。最初に登録がないからといって追加できないわけではありませんのでご安心ください。

従来のお墓の場合は、あらかじめ誰が入るかは決まっていなくても建てられますので、その点が永代供養墓の個別墓は異なります。

ご契約の際に、登録いただく人数に応じて志納料（利用料）がかかりますが、ここにはお寺が未来にわたり供養をすることへのお心づけも含まれています。年間管理料や維持費といった、従来のお墓であれば毎年支払う必要のある費用もかかりません。

三回忌、七回忌といった法事はご遺族の意向により行う場合と行わない場合があるので、費用は行う場合のみ別途かかることにはなりますが、いわゆるランニングコストが不要という面も、利用される方には好評です。

永代供養墓＝無縁墓ではない

ここまでお読みくださった方は、永代供養墓＝無縁墓では？といった誤解はすでに解けているものと思われます。

確かに以前は永代供養という言葉が、無縁墓をオブラートに包んだ言い方として使われていたこともありました。お墓の場所も、お寺の敷地内ではあったものの、目立たない隅の方で、陽当たりもあまり良くないようなエリアに、ひっそりと、というところが多かったようです。

そのために一昔前までは、永代供養墓というと、「そんなところに親を入れたくありません！」とあからさまな拒否反応を示す方が少なくありませんでした。

でも今は違います。テレビや雑誌等で永代供養墓がよく取り上げられるようになってきて、少なくとも無縁墓でないことは徐々に伝わってきていると感じています。そしてより明るいイメージを持たれつつあることも、うれしく思っています。

もしかしたら永代供養墓は承継者が不要であることから、「継ぐ人がいなければ、無縁になるんでしょ？」と誤解されやすいのかもしれません。しかしたとえ承継者はいなくても、お寺がしっかりと縁を取りもち、供養をしていくのですから、むしろ仏さまに近い、強いご縁で守られたお墓と解釈することもできるでしょう。

大切なのは、亡くなった方への思いが途切れることなく、お墓に向けられるかどうか、だと私は思います。それができている限り、無縁墓になるようなことはなく、したがって永遠の供養がお約束されている永代供養墓は、無縁墓になりようがないのです。

当社では実際の場所にもこだわっています。永代供養墓はすべて、お寺の本堂から近い場所に設けています。

お寺の墓地にもいろいろあり、お寺が所有しているとはいえ本堂とは別の、いってみれば〝離れ〟に墓地があるケースもあります。従来のお墓はご遺族が管理しますが、永代供養墓の管理はお寺のお役目ですから、現実的な話、本堂に近いほうが、目が行き届きやすいという事情があります。ほとんどのお寺が、しっかりお墓の面倒をみていきたいとの気持ちから、好意的に本堂の近くを提供してくださいます。

私どもとしても、かつての永代供養墓＝墓地の隅、陽の当たらない場所、といったマイナスイメージを払拭したく、敷地内でも特に本堂に近い、いわば〝一等地〟にこだわっています。

屋内の納骨堂とは別

このように永代供養付きの個別墓のお話をすると、「納骨堂のようなものですか？」と聞かれることがままあります。納骨堂は都市部を中心に、やはりここ10年ほどの間に増えてきた印象があります。やはり個別の小さな部屋にお骨をおさめ、お参りもそこにいく、というもので、普段の管理もお寺が行います。

背景にはやはり都市部の用地不足があります。遠方に墓を建てるよりは、とアクセスの良さを重視し、納骨堂を選ぶ方も多いようです。

個別にお骨をおさめる方式としては納骨堂のほうがよく知られているため、永代供養墓も「屋内にあるもの」との先入観をお持ちの方が少なからずいらっしゃいます。

しかしこれも誤解です。永代供養墓は実は「屋外が原則」なのです。

納骨堂にお骨をおさめることは、法律上、埋葬とはいいません。ドライな表現になってしまいますが、〝一時預かり〟の位置付けなのです。つまりいずれは、その場所を移動し、どこかに埋葬することを前提とし、期限付きで保管されている場所なのです。

そのため納骨堂そのものも業種区分は倉庫業であり、開業時、行政等各方面に許可をとるときにも倉庫として申請します。

一方、永代供養墓は従来のお墓と同じく、位置づけは「墳墓」です。したがって永代供養墓にお骨を安置することは埋葬とみなされます。そして、おさめた場所を移動させる必要もなく、ずっとその場所で供養ができます。

納骨堂は、そこへ遺族が行ってお参りもできるので、あたかもお墓と同じように思われますが、法律上はお墓ではありません。

また、納骨堂は年間管理料を毎年払う必要のあるところがほとんどです。その大半は、お参り用に骨壺を移動させる機械のメンテナンス費用といわれています。

納骨堂で今主流になっているのは、お骨を機械で移動させる自動搬送式納骨堂です。多くの場合、参拝スペースが1ないし数カ所設けられており、骨壺は普段、そこから離れた場所におさめられています。そしてお参りの際、ＩＣカードをかざすなど操作すると、機械が骨壺を参拝スペースまで運んでくるのです。街なかの立体駐車場に似た仕組みといえるでしょう。

機械である以上、定期的なメンテナンスは必須です。ましてお骨を扱うとなると、万一の事故があっては縁起が悪いといわれかねませんので、不具合がないようこまめに点検しなければなりません。費用もそれなりにかかる、というわけです。

永代供養墓ももちろん、お参りできます。従来の墓と同じで、参拝スペースなどはなく、お参りする人がお墓の前に出向きます。納骨堂のように骨壺を動かすということももちろんありませんから、機械のメンテナンス代もかかりません。

価値観は人それぞれだと思いますが、亡くなった方が眠る場所として、屋外のほうが、開放感があっていい、という人が多いような感触を得ています。当社ではより自然に親しみ、いずれは自然へ還りたいとのご希望をお持ちの方に、樹木葬のご提案もしています（後述）。

年間管理料はかからない

前項の納骨堂だけでなく、従来のお墓に関しても、毎年お寺に管理料をおさめるのが普通です。これはおもに墓地の備品購入や設備の修繕、墓地全体の清掃費用などにあてられるもので、個々のお墓の掃除や管理までまかなわれるものではないことは、第3章で触れたとおりです。

年間管理料は承継者がいる前提で設定されているといえます。平たくいえば自治会費のようなもので、自分たちの祖先が眠っている墓地は自分たちでメンテナンスしていきましょう、という考えです。

とはいえ、新たにお墓を建てて数百万かかったうえ、そのあとも毎年支払いが生じるとなると、経済的に負担が少なくないと感じる人も多いでしょう。

その点、永代供養墓は承継者がいないので、後々まで管理料を支払う人もいない、ということになります。そこで年間管理料は不要とし、お墓のある区画の整備等は、登録時に支払う志納料（利用料）からお寺が費用を充てるという考え方にしています。遠方にいるなどで承継者にはなれないが、身内が永代供養墓に入っているというケースでも、年間管理料をいただくということはありません。

生前に申し込みができ、すぐに入れる

従来のお墓で意外と見落とされやすい点が、「お墓が建つまでの期間」です。第3章でも触れましたが、新たにお墓を建てる場合、墓地を購入しお墓が建つまでにおおむね2～3カ月の期間をみておきたいものです。四十九日には納骨したいと考える人が多いようですが、現実には間に合わないことのほうが多いと考えるほうが良いでしょう。

その点、永代供養墓は生前に申し込みができ、誰が入るかあらかじめ決めておくことができますので、その時がきたら亡くなったあとすぐ、埋葬することが可能です。葬儀から

埋葬まで迅速、スムーズであるという点も、なにかとあわただしく精神的なストレスを受けやすい遺族にとっては安心材料になるようです。

「自然にかえろう」人気の樹木葬

樹木葬とは一般的に、墓石の代わりに木を植え、その下に遺骨を埋葬する形式を指します。ここ10数年の間に、おもに地方の山里にあるお寺を中心に広まってきたスタイルで、亡くなったあと自然に還れるという自然志向に特に、人気が高まっています。

日本人の死生観をなかなか一言で言い表すのは難しいのですが、「よろずの神」といって草木や花、石、風など自然界のあらゆるものに神が宿っているという考えに共感する人は多いように思います。特定の宗教を持たない人でも、例えば近しい人が亡くなったあとに庭の花が咲いたら、その人の生まれ変わりだと思ってみたり、人生の門出に晴れわたると、天が祝福してくれている、と感じたり、といったことは誰にも一度くらいは経験があるのではないでしょうか。

また、特別に死生観と結び付かなくとも、大自然の中に身を置けば心が安らいだり、ハレバレとしたりといった気分になるものでしょう。

樹木葬はそんな、〝自然とともにある〟心地よさを連想させる一面もあり、人気を得ているのかもしれません。

なお、埋葬する場所は自然豊かな里山のほか、一見、公園のように整備された緑地もありますが、いずれも墳墓として許可を得た土地であり、法律上は墓地の扱いです。

よく、樹木葬というと「散骨のようなもの？」と聞かれるのですが、散骨とはこの点が違います。

散骨では、お骨は埋めるのではなく、文字が示すように「撒く」、すなわち埋葬しない弔い方です。埋葬しないために、弔う場所について国の明確な法律がないというのが実情です。簡単にいえば、どこに撒いても構わない、ということになります。

ただし、自治体レベルで、散骨を取り扱っている業者への規制や、個人が散骨する際に守るべき細かな条例を定めている場合はあります。

話を樹木葬に戻しますが、埋葬方法は一般的な墓地の永代供養墓と同様、「合祀タイプ」と「個別墓タイプ」があります。前者は石塔の代わりとなる大きな木（シンボルツリーと呼ばれることがあります）の下に、ご遺骨を埋葬します。後者は個別に区画を設け、その区画ごとに植樹し、その下にご遺骨を埋葬するのが一般的です。樹木が墓標の代わりとなり、お参りの際の目印になるというわけです。区画は個人の場合もあれば夫婦やご家族単位の場合もあります。

ただ場所によっては、埋葬自体は個別なのですが、明確な区分けをしていないところもあります。年月が経つにつれ草木が茂ってくるなどで環境が変わり、お参りの際に埋葬した場所が分からなくなることもあります。

また、区画をはっきりさせ植樹したとしても、今度は樹木の成長にしたがい剪定したり、落ち葉の掃除をしたりなど、環境整備のためにずっと面倒を見続ける必要があります。このために樹木葬を扱っている会社では、年間管理料や維持費を継続的に申し受けるところもあります。

永代供養墓は本来、こうしたランニングコストが発生しないことが魅力の一つとなっているので、このことをデメリットと受け取る利用者もいるかもしれません。

そこで当社では、区画ごとの目印として樹木ではなく、小さな石板を墓誌として個別に設置する方法をとっています。これならお参りの際、場所が分からなくなることもありませんし、樹木のように後々世話をする必要もないので、そのための費用も発生しません。ヨーロッパの墓地はこのように、陽当たりのよい広々とした緑地に墓誌が並ぶ光景がなじみ深いものになっているかと思いますが、それに似たイメージなのではと思います。

いずれにしても埋葬方法は、樹木葬墓地の場合、土に還ることを目的とするため、納骨堂（カロート）には入れずに直接土にふれるようにおさめるのが主流です。

とはいえ、「お骨をそのまま土に埋めるのはちょっと抵抗が……」「樹木葬でも骨壺に入れて埋葬したい」そうした声も実は少なくありません。

そこで近年は、土に溶ける素材を用いた骨壺や袋を用いるところも増えてきました。当社では、珪藻土を原料とした骨壺を特注しており、そこにお骨を入れて安置します。見た目は一般のお墓におさめるものと変わらない、きれいな白色の骨壺です。

昔ながらの樹木葬は、山をまるまるひとつ埋葬用として使い、埋葬するたびに木を植えるスタイルが主流でした。自然豊かな場所で、自然に還る目的にかなったものである反面、お参りは前提としていないスタイルといっていいでしょう。そのため、お参りする人にとっては交通の便が良いとはいえないのがデメリットでした。

当社の樹木葬では、そうしたお参りしたい人のニーズに応え、都市部のお寺や、郊外でも比較的交通の便の良い緑地を中心としています。自然志向かつ、従来のお墓と同じようにお参りもできる、双方の「いいとこどり」をした、ニュータイプの樹木葬といっていいでしょう。

一般的には「都市型樹木葬」と呼ばれており、都市部に生活の拠点がある人を中心に、利便性が高いと好評をいただいています。

余談ですが、樹木葬は今のところ、どちらかといえば女性の人気が高い傾向があります。もしかしたら女性の方が、家族やお墓のことでたいへんな思いをすることが多く、ゆえに自分の時はしがらみや面倒なことを残したくない、と樹木葬に開放的なイメージを抱きやすいのかもしれません。

まとめ　現代の終活になじむ永代供養墓

ここまで永代供養墓について、誤解されがちな点をピックアップしながら特徴をご説明してきましたが、そもそもこのお墓は、「承継を必要としない」ニーズに応えるためにできたものですから、やはりご利用される方もそこに最も大きなメリットを感じています。

従来のお墓は承継が前提のため、お墓で悩む人は承継できなかったらどうしよう、何が何でも承継しなければならないのだろうか、と思い詰めてしまいがちです。そこに、自分たちより下の代は切り離して、まずは自分たちのことを考えてはいかがでしょう、とアドバイスすると、皆さんはっとされるようです。

お墓に対する価値観が多様化していることを受け、埋葬方法を選べるようになってきていることからも、永代供養墓は現代の、個々人が生前から自分の死後を考え準備していく終活になじみやすいお墓のあり方だと思っています。

ここで今いちど、永代供養墓のタイプをおさらいします。

〈合祀タイプ〉

永代供養墓の最も古いタイプ。安価で年間管理費や維持費などもかからず、お寺が永代にわたり供養する。生前に購入できる。

〈個別墓タイプ〉

お墓の承継者がいないので永代供養墓を希望するが、ほかの人と一緒のお墓には入りたくない、というニーズに応えた、夫婦や家族単位で入れる個室の墓。年間管理費や維持費などがかからないのは合祀タイプと同じ。入る人は登録制で、生前に決められるが、あとから追加も可能。志納料（利用料）は人数に応じてかかる仕組み。

〈樹木葬〉

自然葬墓地ともいい、土に還ることを目的とした新しい埋葬の形。一般的には遠方の山の中などで、樹木を墓標とするが、当社では故人が眠る場所をより明確にしたいとのニーズに応え、小さな石の墓誌を使用。場所もお寺の境内や、比較的交通の便が良い墓地を選んでいる。樹木葬は年間管理費がかかるところも少なくないが、当社は無料。

お墓を親しみのある場に

第2章で私は、自分が幼少時、お墓を怖いもの、近づきたくないものと思っていた話をしました。

しかしだからといって、小さい頃の怖いイメージは子どもゆえの浅はかさからだった、などと否定はしません。それはおそらく日本においては、子どもであれば誰しも多かれ少なかれ抱く、ある意味自然な感情なのではと思うからです。自分が思っていたことはお客さまも思っているはず。従来のお墓に対して、古い墓石に塔婆が何本も立ち並び暗く重苦しい、いわゆる「墓場」のイメージを持っている人は多いのではないでしょうか。

死に対する漠然とした不安や、根拠のない心霊・オカルトの類の情報が、さらに負のイメージを増幅させているともいえるでしょう。

だからこそ、まだまだそのように一般的には暗くて近寄り難い印象を持たれがちなお墓や墓地を、もっと明るく親しみのある場に変えていこうと、そんな思いを強くしていきます。

例えば、卒塔婆の立て方にも気を配っています。

卒塔婆はサンスクリット語のストゥーパ（釈迦の遺骨を納めた塔、仏塔）を語源としており、宗派によるものの基本的に仏教では、立てることが善行を積むとされ、法要ごとに増やしていくところも少なくありません。

卒塔婆には戒名や経文、梵字などが記されますが、一般の人にとって見慣れないことや、墨一色で書かれることなどから、おどろおどろしい、死をイメージさせ怖い、などといった印象を与えがちです。

本来は故人の供養に立てるものですから善行、つまり立てることは徳を積むことでもあり、良いことなのですが、仏教になじみがなければ、ただ怖いもの、と思われるのも致し方ないかもしれません。

きちんとした統計をとっているわけではないのですが、卒塔婆にいい印象を持っていないがために、お墓から足が遠のいてしまう人も多いようです。

そこで当社では、できるだけ目立たない位置に卒塔婆を立てるようお寺のご理解を求めています。一般的に墓石の後ろに並べて立てますが、正面からは見えないよう、墓石の影になる場所に立てたり、書いてある文字が目に入りにくい角度で立てたりします。

信心深い人から見ればとんでもないこと、と怒られそうですが、最も大切なのはお墓参りに来るご遺族のお気持ち。不要な恐れを抱かずお墓参りしやすくなることをいちばんに考えたいのです。形式や慣習を忠実に踏襲しても、そのためにお墓から足が遠のいてしまうのでは、故人もうかばれないでしょう。

もう一つ、当社では墓石の「色」にもこだわっています。

「えっ、墓石の色って皆同じようなものではないの？」と怪訝に思われるかもしれません。確かに一般的な日本の墓石は多少の違いはあれど、モノトーンが一般的です。

しかしより専門的に見ると、同じモノトーンであっても、温かみがあるほうに転んでいたり、逆に冷たい印象を与えたり、など、石材によって微妙にニュアンスが違うのです。

当社はなかでも、明るく温かみのある、赤みの入った石を扱っており、お客さまにも喜ばれています。

お寺ともより良い関係を

日本は江戸時代に、お寺にお墓を建てるとそのお寺の檀家となる「檀家制度」が設けられました。檀家はお布施をして寺の運営を支え、一方お寺は檀家の葬儀全般を世話していく関係性です。

しかし、長い歴史を経るうちに、「檀家になると必ず寄付やお布施をしなければならない」とか「法事を必ず行わなければならない」といったような、あたかもお寺にしばられるイメージばかりが一人歩きしてしまったように思います。人の流動化が昔と比べものにならないほど進んでいる現代において、檀家であっても勤務地が別にあるとか、離れたところに住んでいるなどで、お寺に行けないというケースが増えているだけに、檀家になることが敬遠されやすいのも昨今の風潮です。

永代供養墓をご利用になる方においても、決まったお寺がご供養をするという意味では、檀家と同じ位置づけにはなりますが、それによってなにがしかの義務が生じるものではありません。繰り返しになりますが、申し込み時に一括で志納料（利用料）を納めれば、その後の継続的な支払いは生じず、お寺がずっと管理をしてくれます。

お布施や寄付金も、本堂や山門の修繕等、お寺を維持していくのに必要な際に、ご遺族にお願いするところもありますが、あくまでご遺族の志に委ねられますので、強制ではありません。

もう一つ、お寺とのお付き合いで語るのを避けられないが「法事」についてです。

仏教では三回忌、七回忌、十三回忌……といった周回忌があるのがよく知られています。そして檀家になると法事は必ず、所属しているお寺で行うのが慣例となっています。これも檀家によっては金銭面も含めなにかと負担になり、例えば「七回忌まではするけれど、そのあとは遠慮したい」との意向を示す人もいます。

ここで、お寺としては十三回忌以降も行うべき、という考えでいると、関係がぎくしゃくしてしまう恐れもあります。

一般の方からも、「永代供養墓に入ると、そのお寺で必ず法事をしなければならないのですか？」というお問い合わせをよくいただきます。

法事についてはお寺やその宗派の教えもあり、私はどうするのがよい、などと意見できる立場にないのですが、当社がお付き合いさせていただいているお寺には、少なくとも法事は義務ではないので、強く求めないようご理解をお願いしています。

さて、法事も義務ではなく、ご遺族の意向によるとなると、永代供養墓ではお寺との関係性が希薄になってしまうのか、といえば、実はそうともいえません。

今までご契約いただいたケースをみますと、ご遺族の方から積極的に法事をお願いしているなど、むしろお寺と良い関係が築けているように感じています。「お寺さんにずっとお墓の世話をしていただける、よくしていただいている」という思いから、法事も安心してお任せしようということで、逆にお寺への信頼度は上がっているように見受けられます。

永代供養墓の申し込み方

永代供養墓を設けている寺院や霊園等、墓地の情報は、その墓地にパンフレットが備え付けられていることもありますし、インターネットで検索する、という方もたいへん増えています。

複数の寺院や墓地と提携し、インターネットやお電話で疑問や不安にお答えすることも含め、お墓の紹介や仲介をするコンサルタント会社もいくつかあり、当社もその一つです。

永代供養墓は、多くの場合、生前予約といって、お墓に入るご本人が申し込み登録をします。登録や契約の仕方については、永代供養墓のある墓地や、仲介をするコンサルタント会社より説明がありますが、基本的な流れは第3章で示した、従来墓での墓じまいや改葬と同じです。改葬先が、従来墓ではなく永代供養墓になるということです。

〈墓じまいから永代供養墓への改葬の流れ〉

1.「改葬許可申請書」（今のお墓がある市町村の行政機関で発行）に、必要事項を記入のうえ、今のお墓のある寺院や霊園等の墓地から署名・押印をもらう。

2．新たに納骨する永代供養墓のあるお寺や霊園から「使用（納骨）許可書」をもらう。

これを再度、今のお墓がある市町村の行政機関に持参し、「改葬許可書」を発行してもらう。

3．（希望する場合のみ）これまでのお墓で「閉魂供養（閉眼供養）」をしてもらい、遺骨を取り出す（取り出しは石材店が行う）。

4．新しいお寺や霊園に遺骨と「改葬許可書」を持参する。

5．永代供養墓に納骨する。

申し込む前に……家族や親族の同意を

永代供養墓はお墓に入る本人が自分の意思で準備を進められるのが良い点といえます。ただし裏腹に、家族や親族の意向がもし、本人と違っている場合にはスムーズに進めるためにもすりあわせが必要になってくるといえます。

普段、お墓の話題などなかなか家族間でオープンに話す機会はないかもしれません。だからこそ、いざというときに、家族や親族には別の考えがあって、永代供養墓には賛成しかねる、という事態を招きかねないのです。

例えば、次のようなケースがあります。

〈トラブル例1〉

Jさん(71歳)は定年後もしばらく嘱託で働いていましたが、古希を迎え引退、年金暮らしをしています。終活を考え始め、元気なうちに墓のこともすっきりさせておきたい、と、妻と相談して永代供養墓を買うことに。40代の一人息子に、後々面倒をかけたくない、という気持ちからでした。

ところが申し込みをしたあと、息子にその話をしたところ怒られてしまったのです。まだ先のことだと思っていたから言わなかったものの、彼は彼なりに、従来型のお墓を建てたいと考えていたそう。

親としてみれば、子どものことを思って永代供養墓を買おうとしていたのですが、息子は考えが違っていたようです。永代供養墓は承継を必要とせず、したがって自分たちの代だけ考えればよいのですが、そうはいってもお子さんがいるのなら、意向を伝え同意を得てからのほうがスムーズに進むでしょう。

このように、夫婦だけで永代供養墓をつくろうと計画していたが、無関心と思われていた子どもに思わぬ反対をされたケースは珍しくありません。

終活とは、自分の身辺整理のことだけでなく、家族と話し合いを持つことも含めての、活動であるとの認識がもっと広まるといいのかなと考えます。

また、昨今は今あるお墓を墓じまいして、永代供養墓に改葬するケースも増えてきました。

一度承継したお墓をなくすことに、罪悪感を持つ人もいるようですが、承継後にお墓をはじめとする祭祀財産をどのように扱うかは、承継者に任されています。墓じまいや改葬が道徳的に良くない、ということはありません。

ただし、承継者だからと独断で進めると、親族との間に軋轢が生じることがあります。特に代々の墓で、親族もその墓によく墓参りをするような場合、黙って場所を移したとしたら良く思われないでしょう。

例えばこんなケースが考えられます。

〈トラブル例2〉

Iさん（62歳）は東北出身で、今は都内で家庭をもち、Uターンする予定もありません。故郷には両親の眠る墓があり、年一度はお参りにいっています。しかしそろそろ自分も歳をとってきたので、今後のことを考え墓じまいをし、都内に永代供養墓を建てて自分たちもそこに入ろうと計画を立てました。

ところが墓じまいの手続きを進め、永代供養墓の契約もすんだ頃、たまたまそれを聞きつけた親族が、「勝手に墓じまいするとは何事だ」と口を出してきたのです。親族は東北にずっと住んでいるのですが、もう何十年も交流がなく、お墓も別。Iさん家の墓参りにも長らく来ていないのですが、話を聞くと、先に亡くなったIさんの父親のために母親がお墓を建てる際、十分な資金がなく、親族がその費用を一部負担していたとのこと。せっかくお金を出したのに、何も相談がないことに怒っていたのです。

そのことは母親から聞いておらず、Iさんには初耳でした。非礼を詫び、結果的には墓じまいを許してもらえたのですが、改めて、墓じまいの際には親族にも相談しておくことが必要だった、と思い知らされたIさんでした。

このケースは実質的な承継者、つまり墓守はIさんであることに変わらず、ただお墓を建てる時に資金援助した恩を忘れられたと思った親族が感情的になったことによるもつれですが、これが代々伝わるお墓で、親族一同でお金を出し合って建てた墓などでは、墓守自体がはっきりしていない場合もあります。墓を建てる費用と、年間管理料を払う人が別、という場合も同様です。

墓じまいを進めるには、まず墓守が誰かをはっきりさせることが大切です。代々続くお墓の場合は、墓守だった人の親だけその墓から出して永代供養墓にするという考え方もあります。古くからあるお墓をなくしてしまうのはなかなか難しいので、墓守の親だけ出すことで解決するのでしたら、そのほうがあとを引かず早期に解決すると考えます。

永代供養墓に限らず、新たに墓を建てるにしても、第3章でも話したとおり、家族や親族、お寺、自治体等、多方面との交渉が必要になり、独断ではうまく進みません。そして関わる人が多くなると、それだけこじれる要因も増えてくるものです。

今まで多くの方から、お墓の相談を受けてきましたが、事情はそれぞれ、千差万別。どれ一つとして同じというものはない、といっていいくらいです。そのためお墓のコンサルには、まず、マニュアルは役に立ちません。一つひとつのケースに、個別に対応することが求められています。

この本を手にとってくださっている皆さんのなかには、すでに永代供養墓を扱っている会社へ話を聞きに行った、という人もいるかもしれません。もしマニュアル一辺倒のような対応でしっくりこなかったり、嫌な思いをしたりすると、そうでなくても煩雑になりがちなお墓問題に向き合う気持ちがそがれてしまいかねません。親身になって話を聞き、個別の状況に応じたコンサルをしてもらえるところを相談先に選ぶとよいでしょう。

［第5章］

令和時代、お墓とお寺が心の拠り所になる

先行きが読めない時代に募る孤独感

かつて、経済が右肩上がりだった頃の日本は、終身雇用制度が盤石であり、一つの会社で一生懸命働けば老後はまず安泰、マイホームに車、大型家電など、その当時の豊かさを象徴するものもある程度決まっていました。社会も家族、親戚、地域などそれぞれの集団がそのなかでともに助け合い、関わり合うという姿が普通でした。

しかし今はどうでしょう。経済をはじめ、仕事も終身雇用制度が崩壊するなど、誰にとっても先行きが読めない時代になっています。「これさえしていれば将来の不安はなし」といったモデルケースもなくなり、失敗すれば「自己責任」。失業や倒産といった暗いニュースが続き、若い世代にとっても将来、希望の持てる社会とはいいにくい状況になっています。

企業経営にとっても不透明な時代になっています。かつては、三年かけて会社を作り上げても油断していると三日で壊れる、などと、経営者を戒める意味でいわれていましたが、今では三日どころか、たった三秒で壊れるともいわれています。決してオーバーではなく、何で足元をすくわれるか分からない、というのが実感です。

そのような世相のなかで、人間関係も希薄になってきているように感じています。昔はご近所さん同士、何かあれば助け合い、冠婚葬祭も総出で手伝ったりしていたものでした。それは今の価値観でいえば過干渉な一面もあり、いいことばかりではなかったかもしれませんが、少なくとも「困ったときにはお互いさま」という他者を気遣う心、思いやりの気持ちが地域社会に根づいていたように思います。

家族構成も核家族化が進む前は二世代、三世代が同じ屋根の下、ということが珍しくなく、礼儀や一般常識など、いわゆる躾の類は世代間で自然に受け継がれていたように思いますし、家訓と呼ばれるような、その家ごとに大事にしている事柄や約束事も日々生活していくなかで親から子へと伝えられていたように思います。時にぶつかりあったりしながらも、人の暮らしにコミュニケーションは欠かせないものであり、常に〝つながり〟を感じられる——それがかつての日本の家族像だったのではないでしょうか。

それが今はどうでしょう。少子高齢化、単身世帯が増加したのに加え、家族がいても長時間労働やライフスタイルの変化などで、そろって顔を合わせる時間が少なくなり、隣近所も行き来することがなくなってきて、地域で何かを一丸となってやりとげる、という機会も少なくなってきています。

現代は個々人が尊重される時代、ともいわれていますが、その分、人と人とのつながりが薄くなったと感じざるを得ません。

見通しが明るい時代で、そう悩まずにすむような世相なら、それでももしかしたら良いのかも知れません。しかし先述のとおり、今の日本は成長が頭打ちになっており、試練の時といってもいいほど厳しい局面にあります。先行きへの不安を抱えている人がとても多いといえるでしょう。

一人ひとりが抱えている不安は、黙っていても誰かが解消してくれるものではありません。でも、「話を聞いてもらったら、なんだか気持ちが軽くなった」という経験は誰にも一度はあることと思います。

不安で押しつぶされそうな時に、話を聞いてくれて受け止めてくれる人がいたり、似たような状況の人が集まり、体験や気持ちを分かち合ったりできる場があるだけでも、ずいぶん癒されたり、力が湧いてきて「よし、頑張ろう。この状況を打開しよう」という気になるものです。

現代社会はインターネットの普及もあり、私たちは日々、膨大な量の情報を受け取っています。インターネットにより人と人とが〝つながり〟やすくなった面もありますが、一方で、暗いニュースなど、時として好むと好まざるとにかかわらず目にしてしまい、心が揺れ動いたり、振り回されたりすることもあります。私たちの心は、自分で思っている以上に刺激にさらされ、休まらない状態が続いている、といってもいいのではないでしょうか。

また、インターネットだけのつながりは、お互いがお互いのことをよく知らないまま、うわべだけの言葉のやりとりに終始することも少なくありません。実際に会っていない、顔が見えない関係では、かえって心ない言葉で傷つけあってしまうこともあります。もちろん、そうでなく心から親密になれるケースもあるとは思いますが、インターネットで人との密なつながりが補える、とは、正直なところ思えません。

たとえ一人であっても、自信をもって日々生きている人もいますが、閉塞感が強く先行きの見えにくい現代において、多くの日本人は心の拠り所を求めているのではないだろうか、と思っています。

心の拠り所としてのお寺に再び注目が

第2章でも触れましたが、昔のお寺は今でいう、地域のコミュニティセンターのような位置づけでした。檀家となった民衆の葬儀や法事を執り行い、檀家の戸籍上の管理を請け負うといった行政的な役割を果たす一方、民衆がそこに集い、話をしたり学びを得たりする機能も備えていたのです。

よく知られているのが寺子屋です。江戸時代には庶民の学校として、生活に必要な読み書きや常識を教える場として全国に分布していたと伝えられています。

このようにお寺は、文化や社会が発展、成熟していくうえで、地域においてその中心的な役割を担っていたといっても言い過ぎではないと思います。人と人がつながり、関係性が構築され、何かあったときには心の拠り所にもなっていた、それがかつてのお寺の姿だったのです。

今でも国内には7万7000もの寺があるといわれています。ある調査によるとそのうち7割は現在も活動しているそうです。コンビニの数がざっと5万5000といわれていますので、いかにこの数が多いかお分かりいただけると思います。

しかし一般の人がお寺に抱くイメージは、「お葬式や法事の時に行くところ」と固まってしまっているのが現状です。今の時代はお寺というものは法事をやる場所、お墓参りをしにいくところ、あとは初詣くらいでしょうか、特別な時にしか行かない場所に変わってしまった。それ以外の生活の場面で、お寺が必要とされることがほぼなくなってしまったというのがその大きな理由でしょう。

でも本当にそうなのでしょうか。

孤独感を強めてしまう現代社会において、お寺がもっと役に立つことがあるのではないか──私はそう考えています。

例えば話し相手になるとか、相談ごとにのるとか、人々が集まって何かをする場所の提供をするとか、などです。

こうすることによって少なくとも人が孤立するのを避け、もしかしたら孤立することで起きてしまう心の問題や社会的なトラブルも防げる可能性があるのかもしれない、と考えています。

一方でお寺のほうにも、昔のような活気が戻ってくるのではないかと期待しているのです。

実際に、既存の役割にとらわれず活動の幅を広げているお寺も見受けられるようになってきました。次に一例を挙げてみます。

・座禅、瞑想の会

昨今、ビジネス界などを中心に「マインドフルネス」がブームになっています。マインドフルネスとは簡単に説明しますと、五感を澄まし、身体動作や所作の一つひとつに意識が集中された状態や、そこに至るプロセスを指します。瞑想に近いリラックス効果やストレス解消効果が得られ、雑念を持たず、ただ今だけに集中して研ぎ澄まされている状態といってもいいでしょう。無理をしていないのでストレスもありませんし、マインドフルネスの状態になると自分の力を最も発揮できるとされています。

その、マインドフルネスの実践の場として、今、お寺が注目されています。そもそも、マインドフルネスという言葉自体、仏教の経典で使われている古代インドの言語の「サティ（sati）」という言葉の英語訳としてあてられた、との説もあり、仏教の瞑想法を取り入れて生まれたとされているのです。

こうしたことから、お寺とマインドフルネスとは非常に親和性があり、多くのお寺で修行体験や、あるいは仏教者以外でもマインドフルネスの講師を招いての会の開催などが盛んになっていると聞きます。非日常的な空間で自己を見つめ掘り下げたり、日頃のしがらみから解かれてあるがままの自分を感じ受け入れる場として、お寺は非常に適しているといえるでしょう。

人が集まればコミュニケーションが生まれますから、そこでさらに、気づきや癒し、元気をもらえる、といったポジティブなギフトが得られることも期待できます。

・写経の会

写経はもともと貴重な経典を学んだり流布したりするため、僧侶たちによって始められました。

そこから転じて、写経することによって功徳が得られると説かれるようになり、一般の人々も写経を行うようになったといわれています。

現代では、パソコンでの文字入力に慣れてしまった人が筆で字をなぞるという地道な行為を繰り返すことで、普段使われていない脳の部分が活性化されたり、新鮮味がありストレス解消になったり、達成感が得られてすっきりするなどの効果を求めて来る人が多いようです。集中力や忍耐力がつくという声もあります。

・カルチャースクール

お寺が主催者となってテーマごとのスペシャリストを招き、開催する場合もあれば、場所のみ提供する場合もあります。

近年は「寺カルチャー」とも呼ばれる、仏教をテーマとした各種コンテンツがブームになりつつあるようです。例えば博物館や美術館で仏像や仏教文化の展覧会が企画されたり、雑誌で仏教文化が取り上げられたり、漫画や音楽などのいわゆる大衆文化にも仏教の要素が取り入れられたりなど、です。仏教や寺の伝統的なイメージは大事にしつつも、より自由な解釈が加えられ、堅苦しいものではなく、個人が気軽に楽しめるものになっているようです。

そのような背景もあり、お寺での仏教文化に関する講演会や勉強会、お寺見学、座禅などの体験も盛んになってきています。特に、異文化への興味や憧れが後押しするのか、外国人参加者からの評判も高いようです。

・**企業研修**

近年は、企業の新人研修の一環として、お寺にて僧侶が法話を行う形でのプログラムが増えてきているようです。

静かな空間で、自分自身を見つめなおすことを通して社会人としての心構えを養うのに、お寺は適した場と考える企業も多いと聞きます。また、僧侶の法話から例えば感謝の気持ちや、人の心に寄り添うことを学ぶなど、今後社会人としてふさわしい、しっかりした考えとふるまいができるようになっていくための、基本的な心のあり方に働きかけられるのもまた、お寺の良さではないかと思います。新人だけでなく中堅や管理職を対象とした研修の場としても向いているでしょう。

・宿坊

宿坊とは、お寺や神社が運営している宿泊施設を指します。

もともとは、僧侶や、遠くから参拝に訪れる人々のための施設でしたが、近年は一般の観光客や、外国人なども幅広く迎え入れる施設が増えているようです。

付加価値として、読経や座禅、写経など寺院ならではの修行体験ができるところや、精進料理を提供するところなど、宿坊ならではの体験を用意している宿坊も増えてきています。

お寺に泊まること自体が非日常であり、観光客にとっては特別な思い出になることでしょうし、落ち着きや癒しなどが得られ、日々の疲れを忘れることができる場としても、注目されているようです。

・僧侶によるカウンセリング

昔は悩み事があったとき、「和尚さんに聞いてもらおう」とお寺へ相談にいくことが日常的に行われていました。「駆け込み寺」という言葉が今なおあるのも、その名残ではないかと思われます。

今も心理学の勉強をするなどで、カウンセリングを行う僧侶もいます。お寺では特に、亡くなった方のご遺族と接する機会が多いことから、少しでも死別のつらさをやわらげられれば、との動機で、宗教や宗派ごとの教義とは別に、心理学や死生観を学ぶ寺院関係者も少なくありません。

近年はこうした、グリーフケアとも呼ばれる遺族のつらさに寄り添い癒すケアにとどまらず、さまざまな悩み相談を受ける僧侶やお寺が増えてきているようです。

永代供養墓も、拠り所の一つに

章の冒頭でも述べたように、今、日本の社会にはさまざまな「心の問題」がうずまいており、そこへの社会の関心も高まっています。

学校などの教育施設、病院、社会福祉施設など、心の問題を取り上げ解決し得る場は複数、あると思いますが、私はそこに「お寺」も加わることができるのではないか、と考えています。

今でこそ、〝お寺は特別な時〟にしか行かない場所に変わってしまっているところがほとんどだと思います。人々にとってお寺は法事を行う場所、あるいはお墓参りをしに行くところ、あとは初詣くらいでしょうか。

しかしかつては、先ほどもいいましたが、お寺には寺子屋があったり、お役所的な機能があったり、文化や社会の発展の中心地だったりと、なにかしらの目的で人が集まる場でした。お寺に集まることで、地域とそこに暮らしている人たちがつながっていき、関係性が構築できていたのです。

時代が違いますから、こうした昔のありようそのままを現代に再現したいということではないのですが、お寺を訪れることで一人ひとりが抱えている心の問題が少しでも軽くなる、そんな場にできないだろうか、というのが私の考えです。

心の問題、というと重く受け止められてしまうかも知れませんが、「ここに来れば気持ちが軽くなる」とか「お寺の人に話を聞いてもらったらすっきりした」といった、日常よくある心のゆらぎを鎮めるのに、お寺を利用していただくということでもいいのです。

あるいは、お寺でもし何かカルチャースクールやイベントなどが行われ、そうした場に出かけて行き「勉強になった」「自分を高めることができた」という体験が得られたとしたら、それも、大きなくくりでいえば心の問題を軽くする力になるかもしれません。

前項で触れたように、すでにこうした取り組みを行っているお寺も全国にはいくつもありますが、私は永代供養墓を広める今の仕事を通して、より一層、お寺を以前の活気のある場所にしたいと思っています。

ここで、疑問に思われる方もいるかもしれません。「永代供養墓は承継者がいないのだから、お墓を建てても人の交流を進めるきっかけにはならないのでは？」と。

実は、逆なのです。

個人が生きているうちに選び申し込むことが多い永代供養墓は、承継者がいないので家族や親族のしがらみがないか、とても薄いお墓です。その分、血縁に必ずしもとらわれない人々——例えば友人など——に、永代供養墓やそれをもうけているお寺の良さが広まりやすいのです。

これまで話したとおり、現代日本ではお墓の承継問題を抱える人が増え、承継を必要としない永代供養墓への関心、ニーズが高まっています。もしかしたら、本書をここまでお読みくださって「自分も永代供養墓を検討してみようか」と思ってくださった方もいるかもしれません。

しかし、だからといって「永代供養墓があるお寺ならどこでもいい」とは、皆さん思わないでしょう。立地や環境だったり、お寺のかまえだったり、ご住職だったり、いろいろな条件を加味して、ここなら、というところを自分で選びたい人がほとんどではないでしょうか。

そうです。永代供養墓の場合、お墓を選ぶだけでなく、お墓のあるお寺も、自分で選ぶことができるのです。

人の価値観はさまざまなので断言はできませんが、自分の終の棲家ともいえるお墓ですから、安心して眠れる場所、ここならご住職にあとのことを託せる、と心から思える場所を選びたい、というのが人心ではないでしょうか。

そうなるとこれからのお寺は、亡くなった方とそのご遺族のための存在、というものではなくなってきます。生きている私たち、地域住民とも良い関係を築ける存在であり、そうあり続けることで、「亡くなってからもお世話になりたい」「亡くなったあとも寄り添って、ご供養します」といった信頼で結ばれるものと私は考えています。まさに永代供養墓も、選ばれるご本人にとって、またお参りに来る人にとって「心の拠り所」になり得るのです。


ここで、実際に永代供養墓をもうけており、地域に根差したさまざまな活動を行っている寺院の取り組みを、ご住職より紹介いただき、本章の結びにかえさせていただきます。

生前からご供養まで
お寺を「人生に寄り添う場」に

長覚山　高応寺（埼玉県三郷市）
住職　酒井菜法（さかい　なほう）

高応寺は400年の歴史を持つ学問寺として知られ、現在も受験などの学業成就の祈願に多くの方が訪れます。また、境内の小川には初夏になるとホタルが舞うなど多くの自然が残っており、地域の方の憩いの場となっています。

その高応寺に永代供養墓をもうけたのは今から6年前。宗派をこえた宗教者の集まりで知り合ったご住職のお寺にあることを知り、見学させていただいたのがきっかけでした。

永代供養墓といえば、大きな建物の中に骨壺が並んで安置されているようなイメージを持っている方が多いと思いますし、私もかつてはそうでした。

しかし今はさまざまな、デザイン性豊かなお墓が登場しています。私が高応寺に永代供養墓をもうけたのも、デザインの美しさや数種類のなかから利用者が選べる多様性があり、現代の価値観に合っていると思ったのが大きな理由の一つでした。

お墓にも、美しさやセンスの良さを求める人はたくさんいらっしゃいます。永代供養墓のような、承継を気にせず自分で自分の入るお墓を決められるスタイルでしたらなおさら、デザインにおいても何種類かあり、そのなかから選べることで、「自分が決めた」という高い満足感が得られるものと思われます。

高応寺の永代供養墓は、オリジナルの波のような文様をほどこしたガラス素材の天板を張っているのが特徴で、お参りに来た人は、そのガラスごしに故人の骨壺が見えるようになっています。

見えることで、故人に会えたような気がする、と好評をいただいています。ここに来れば、故人をそばで感じられる、とても斬新なデザインだと思っています。ご主人が眠っていらっしゃるお墓の前には、そのご婦人から寄贈いただいたベンチがあり、お参りのあとしばらく座ってお墓をながめ、故人をしのんでいるご遺族の姿もよく見かけます。

樹木葬タイプのお墓もあります。トウモロコシの繊維でできた骨壺で土に還るという発想が、私をはじめ、多くの方の気持ちをひきつけています。

昨今は、散骨や宇宙葬などの、自分が眠る墓を持たないやり方も行われるようになってきています。それを選ぶ人の意思は尊重されるべきですが、暮らしに密着しているとはいえないこうした方法でお骨の所在が分からなくなるよりは、お寺という、「祈れる場所」に自分の居場所がある、と思えるほうが、安らぎを得られるように思います。

お寺だからこそ、祈りや供養は絶対に、ないがしろにしようはずがありません。高応寺にて永代供養墓を申し込まれた方とは必ずお会いして、お寺の紹介とともに供養や祈りの大切さをお話しさせていただいています。何か困難なことがあったらお寺を、私を頼りにしてください、とお伝えすると、安心した表情をなさる方が多いです。このように、お墓の申し込みとはいえ亡くなったあとだけでなく、生前からお寺を、心の拠り所にしていただければと心を砕いています。

永代供養墓を申し込まれる方は、年代もライフスタイルもさまざまです。当初はお子さんがいらっしゃらないとか、独り身などで、承継者のいない方が申し込まれるのかと思っていましたが、お子さんがいらっしゃってもお墓のことで面倒をかけたくないと思っている親御さんも多いですし、独身の息子も一緒に入れますとか、子ども夫婦家族も全員、隣り合った場所に申し込む方もいます。

さらにいえば、永代供養墓はどのような関係性の方同士でも一緒に入ることができるので、伝統的な家族の形式にもとらわれないのが特徴です。例えば生涯の友と一緒に、とか、籍は入れていないけれど夫婦同然のパートナー同士で、という方もいます。逆に、親族だけれど一緒のお墓に入りたくない、という方もいます。その場合は例えば、永代供養墓を隣あった区画で申し込めば、遺族はお墓参りしやすく、でも、お骨は隣とはいえ別々に眠る、ということで故人の遺志が尊重されます。こうした柔軟性の高さは従来のお墓にはない、永代供養墓ならではの良さだと思います。

このように、事情はさまざまであっても、高応寺に申し込まれる方は「このお寺が好きだから」という点で共通しています。永代供養墓の良さは分かっても、では永代供養墓があるならどのお寺でもいい、とは利用者は思っていません。「このお寺に眠りたい。こちらの住職にご供養をお願いしたい」と、お寺も選んでいるのです。

高応寺では、地域に密着したさまざまな催しも積極的に行っています。一例として子ども食堂、ヨガサークル、ホタルの夕べ、坐禅会、写経会、マインドフルネス瞑想会、各種講演会、がんカフェ（がん患者さんやそのご家族、ご遺族の茶話会）などがありますが、いずれも主催者がお寺で行うことに意義を見いだし、お寺を心地良い場にしよう、という思いに溢れていますし、私も、イベントが楽しく充実したものになり、それによって人々がお寺を居心地の良い場所に感じて「また行こう」と思っていただけるよう心を砕いています。そうした思いから、単に場所を貸す、ということではなく、すべて企画から参加しています。

年1回、お寺の中と庭も開放して行われるマルシェは地域の名物イベントになっています。食事処やお守りづくり、写経のワークショップ、ヨガレッスンなど多彩なイベントやお店が数十と集まり、一日で1000人以上いらしたこともありました。庭にはＤＪブースを設け、音楽がかかってとてもにぎやか。お寺もこの日は、ガーランドで飾ってみたりしておしゃれな空間づくりをしています。

もちろんこの催しにも、私は企画から参加し、ほかの実行委員の方から多くのことを学ばせていただいています。

いらしてくださる皆さんには、「お寺でこんなこともやるんだ」という驚きと、行ってみたら華やかで面白くて楽しめた、というような好ましい思いが全部あいまって「高応寺はいいところ」と思っていただけたらうれしいです。

実はこのマルシェがきっかけで、永代供養墓を申し込まれた方がいます。娘さんを亡くされた方なのですが「こんなに華やかな場所だったら娘も寂しがらずに眠れるだろう」と思ったそうです。こうしたイベントを通して初めて高応寺を知った方も多くいらっしゃいますし、来てみたら癒されて安らいだという声もたくさんいただきます。

一方で、救われたかったり祈りたかったり、心のなかのささくれをなんとかしたいという思いで高応寺を探したずねて来る方もいます。どのような動機であれ、お寺が歓迎してくれるムードであったなら、どのお寺であっても愛着が湧くものだと思います。そして折にふれお寺にお祈りにきたり、イベントへ参加したりするうちに、その人にとってお寺はどんどん身近に、ひいては人生に寄り添うような存在になり、お墓もここで、という思いにつながっていくのではないかと思っています。

学校からの依頼で、中学生を対象としたお寺見学や僧侶のお役目とは何かといった、日本文化体験のお手伝いもしています。お子さんに畳の感触やイ草の匂いを教えてあげたいという親御さんもとても多いです。

こうしてみると改めて、お坊さんって教育にも医療にも、生活のさまざまな場に関われる〝間口の広い〟存在だと思います。法事と葬儀だけということでなく、一人の人のいろんなライフステージに関わっていける。私自身、お寺の外の人と関わっていかないと、法話をしても人に寄り添えないのではないかと思い悩んだ時期があり、先に触れたような各種イベントを企画したり、私自身も外部のイベントに参加して仏教文化を伝える活動等をしたりして、さまざまなライフステージにある人のさまざまな悩み、思いに触れ、わかちあいながら、現在に至っています。

「お寺は窮屈な場所」との印象を抱いている人が多いのではと思います。寄付をしなければならないとか、お布施がすごく高そうとか、お寺にしょっちゅう行かないと住職に怒られるのでは、などといった堅苦しさがあるのだろうなあと住職の私も思います。でも、永代供養は、そうした制約がいっさいないのがいいですね。

だからこそ、故人への思いや、自分の救いのために、お寺にいらっしゃいと、私は純粋に僧侶としての立場で促すこともできるのです。

実際に、永代供養墓を申し込んだ方は、法要を必ずしなければいけない、といった義務感を負う必要はないからこそ、「お寺さんに救ってもらった」といった思いが支えとなって、自発的に進んでお参りし続けてくださるものなのです。

お墓は、ご遺族にとって、最初は単に「故人を入れなければいけない場所」かもしれません。でも実は、それによってお寺という安らぎの場所を故人から贈られた、と私は思うのです。

残された人たちが墓参りに来て、境内を通り、手を合わせて、その時にほっとする、癒される、そんな場所を故人が最後に、ご縁のある方々に贈った。それが高応寺なのです、という話をすると、皆さんはっとした表情になります。

永代供養墓自体の良さと、お寺の持つ魅力があいまってますます永代供養墓のイメージが高まっていくと私は考えます。今はお寺のお墓のほとんどを永代供養墓にしようかなと思うくらいの気持ちでいます。

おわりに

　誰にとっても身近な存在であるお墓。それが「家族で承継しなければならない」という制約のために、腫れものに触るような存在になったり、疎んじられたり、人間関係のトラブルを招くもとになってしまいかねないことに、私はずっと問題意識をもっていました。

　それなら、その制約をはずしたらどうか、というのが今、私が世の中に広めようとしている永代供養墓の着想です。

　それまでにもそう呼ばれるお墓はありましたが、家族で承継する従来墓がほとんどだった時代においては、「常識から外れている」と見られがちな存在であり、ひっそりと目立たない場所にもうけられたりして、お参りする人もほとんど見られない、それが普通の姿だったように思います。

　しかし、時代は移り変わり、今は確実に、永代供養墓に対する世間のイメージは良いものになっています。家のお墓に入る、という考え方から、自分のお墓を持つ、という考え方に変わってきているのです。どんなお墓で、どこにあって、誰と一緒に入るか、それらをかなり自由に選択できることが、家にとらわれない個を重視した今の時代に合っていると自負しています。

選択するからには、バリエーションもなければなりません。永代供養墓そのものも、立地、環境、お墓のデザインに至るまで「こういうお墓だったら私も入りたい」と思わせるほど洗練されてきていますし、多様ななかから選ぶことができるようになってきています。

選ぶのは個々人ですから、そこに私どもが口をはさむ道理などありませんが、あえてひとつ申し上げるとすれば、「承継は必要ないとはいっても、ご遺族や親しい人がお参りしたくなるような」お墓やお寺を選んでは、と思います。酒井住職のお話にもありましたが、自分はこの世からいなくなったとしても、残された人たちがお墓参りをすることで癒されたり、気持ちが良くなったり、ああ、また来ようと思わせるお墓であったなら、それこそが最後の、そしていつまでも残る贈りものになるからです。

遺品整理をしていてご遺族に宛てられた手紙を見つけ、そこに感謝の言葉が書かれていて胸を打たれた、とか、疎遠だった子どもきょうだいが、親御さんのご臨終の場で久々に会い、一緒に看取ったことがきっかけとなり再び仲良く交流できるようになった、という話をよく聞きます。それと同じように、残された人が優しい気持ちで故人をしのび、自らの癒しにもなる、そんなお墓であればいついつまでも、生前ご縁のあった方々と結び付いていられる……やや感傷的な言葉かもしれませんが、亡くなった人と近しい人がよくおっしゃる「私のなかでいつまでも生きています」という言葉の意味するところは、こういう感覚に近いのではないか、と思うのです。

永代供養墓をあずかり、供養をするお寺も、この何かと閉塞感の強い現代、存在感を増していくことを期待しており、何かサポートができないか考えているところです。もはや終活の枠にとらわれず、生きている私たちが、より生きやすく、暮らしやすくなるためにお寺がどう関わっていけばよいのか、というやや大きな枠組みでの話になりますが、きっとお寺は、現代日本に不足している心のつながり、ふれあいを補える存在になれると確信しています。

高応寺　酒井菜法住職をはじめ、本書の執筆にあたってお力添えくださったすべての方々へ感謝の意を表します。

最後までお読みくださり、ありがとうございました。

樺山　玄基（かばやま　げんき）

平成16年に現会社の前身となる（株）日本クレーベストを創業者である父が設立。平成19年より永代供養墓事業を開始し、その中核として参画する。事業拡大につき、平成30年に現社名に変更。令和元年、代表取締役社長に就任。「子どもがお墓を受け継げない」「従来のお墓の形が合わない」という昨今の風潮から、寺院が遺族に代わって永続的に供養する「永代供養」を将来の新しいお墓の形態と見据え、時代にマッチした供養とお墓のあるべき姿（概念）を構築。事業ブランドである「永代供養墓普及会」を展開し、提携寺院は首都圏を中心に60カ寺以上（令和2年現在）にのぼる。お墓の施工、管理をはじめとする寺院コンサルティングを手掛けており、特に永代供養墓のコンサルティングにおいては業界の先駆的な存在である。

本書についての
ご意見・ご感想はコチラ

令和時代のお墓入門

二〇二〇年一〇月三〇日　第一刷発行

著　者　樺山玄基
発行人　久保田貴幸
発行元　株式会社　幻冬舎メディアコンサルティング
〒一五一-〇〇五一　東京都渋谷区千駄ヶ谷四-九-七
電話　〇三-五四一一-六四四〇（編集）
発売元　株式会社　幻冬舎
〒一五一-〇〇五一　東京都渋谷区千駄ヶ谷四-九-七
電話　〇三-五四一一-六二二二（営業）
印刷・製本　シナノ書籍印刷株式会社
装　丁　弓田和則

検印廃止

Printed in Japan　ISBN978-4-344-93069-8　C0036
幻冬舎メディアコンサルティングＨＰ　http://www.gentosha-mc.com/